Sachunterricht
mit dem ganzen
Körper

77 Bewegungsspiele
zu vielen Unterrichtsthemen

Antje Fries

Verlag an der Ruhr

Impressum

Titel

Sachunterricht mit dem ganzen Körper
77 Bewegungsspiele zu vielen Unterrichtsthemen

Autorin

Antje Fries

Illustrationen

Norbert Höveler u. a.

 Verlag an der Ruhr
Mülheim an der Ruhr
www.verlagruhr.de

Geeignet für die Klassen 1–4

Unser Beitrag zum Umweltschutz:

Wir sind seit 2008 ein ÖKOPROFIT®-Betrieb und setzen uns damit aktiv für den Umweltschutz ein. Das ÖKOPROFIT®-Projekt unterstützt Betriebe dabei, die Umwelt durch nachhaltiges Wirtschaften zu entlasten.
Unsere Produkte sind grundsätzlich auf chlorfrei gebleichtes und nach Umweltschutzstandards zertifiziertes Papier gedruckt.

© Verlag an der Ruhr 2013
ISBN 978-3-8346-2315-7

Printed in Germany

Inhaltsverzeichnis

Inhaltsverzeichnis

Vorwort

Schon als Kind fand ich Sachunterricht toll! Damals hatten wir das einzige Buch mit richtigen Fotos drin. Sofort ab der Herausgabe der Bücher wartete ich gespannt auf die aufregenden Inhalte. Die Euphorie legte sich dann ganz schnell, wenn die Bücher aufgeschlagen werden mussten und wieder mal ein Sachtext abzuschreiben war, dessen Inhalt bis zum Folgetag zur Lernzielkontrolle sitzen musste.

Nein, so was würden Sie ja nie machen! Und das ist auch gut so: Erinnern Sie sich noch daran, was wir alle von Pestalozzi im Studium gelernt haben? Mit Kopf, Herz und Hand werde gelernt! Und wenn er von der Hand sprach, meinte er ganz sicher nicht die Schreibhand mit dem Füller!

Nicht erst aus meinen Erfahrungen am Arbeitsplatz, einem außerschulischen Lernort mit den Schwerpunkten Natur und Geschichte, weiß ich, dass Kinder Bewegung brauchen, um zu begreifen. *„Weißt du, jetzt hab' ich das mal selbst gemacht, jetzt verstehe ich das auch!"*, bekomme ich oft zu hören.

Es ist natürlich im Schulalltag schwierig, allen Kindern jeweils den handelnden und experimentellen Umgang mit sämtlichen Sachunterrichtsthemen zu ermöglichen, aber wenigstens ein kleines bisschen Bewegung sollte immer dazukommen. Sei es, um das Gedächtnis aufzufrischen mit wiederholenden Übungen, sei es, um thematisch orientiert ein wenig Körpereinsatz zeigen zu können und Spaß zu haben – denn an Dinge, die Spaß gemacht haben, erinnert man sich ja auch besonders gern. Warum also nicht vielleicht an das letzte Sachunterrichtsthema?

Bei Klassen mit starkem Bewegungsdrang können Sie diesen dann gleich noch kanalisieren und gezielt für den Unterricht nutzen.

Die allermeisten hier vorgestellten Bewegungsangebote sind mit etwas Fantasie auch für zahlreiche andere Themen kompatibel, es kommt allein darauf an, die jeweilige Geschichte thematisch neu zu verpacken und zu erzählen.
Die Einteilung in die Sachunterrichtsthemen ist also in den meisten Fällen exemplarisch anzusehen – bis auf einige Angebote, die inhaltlich-thematisch stärker gekoppelt sind.

Vorwort

Ganz kurzer Exkurs zur Hirnforschung

Wissenschaftliche Studien belegen seit Langem, dass es sinnvoll ist, kognitives Lernen mit Bewegung zu verbinden, um das Aufnehmen, Verstehen und Behalten von Inhalten zu unterstützen. Dies erschließt sich, wenn Sie sich einige Beispiele von Gehirnleistungen in dieser Tabelle anschauen. In der linken Gehirnhälfte werden analytische Prozesse verarbeitet, in der rechten Gehirnhälfte finden kreative Prozesse statt.

Werden beide Gehirnhälften miteinander vernetzt, in unserem Fall also kognitive Lerninhalte und Bewegung, bilden sich stabilere Nervenverknüpfungen im Gehirn.

Linke Gehirnhälfte analytisch	**Rechte Gehirnhälfte** kreativ
◆ Begriffe lernen	◆ Bewegen
◆ Schlüsse ziehen	◆ Bilder verarbeiten
◆ Analysieren	◆ Emotionen
◆ Logisches Denken	◆ Intuitionen
◆ Sprechen und Sprache verarbeiten	◆ Synthetisieren
◆ Regeln erkennen	◆ Assoziieren
◆ Modellieren	◆ Inspiration
◆ ...	◆ Behalten/Auswendiglernen
	◆ ...

Die Bewegung führt also zu einer Verbesserung der Informationsverarbeitung beim Lernen. Sie sollte sich aber nicht nur auf Fächer wie Sport und Musik beschränken, sondern als durchgehendes Prinzip auch in kognitiv geprägten Fächern (Deutsch, Mathematik, Sachunterricht) zum Einsatz kommen.

Auf geht's! Bewegen Sie Ihre Klasse –
und haben Sie gemeinsam viel Spaß beim Spielen!

Antje Fries

77 Bewegungsspiele zu vielen Unterrichtsthemen

1

Alles fliegt hoch ...
oder doch nicht?

Thema:
übergreifend

Klassenstufe:
1–4

Ort:
Klassenraum

Sozialform:
ganze Klasse

Zeit:
5 Minuten

Das bereiten Sie vor

Sie kennen bestimmt „Alle Vögel fliegen hoch". Dieses Entscheidungsspiel kann ganz einfach als Training/Übung für sämtliche Sachunterrichtsthemen (und andere Fächer) genutzt werden. Bestimmen Sie mit den Kindern eine Bewegung (Hände heben, Aufstehen, Hüpfen etc.), die bei Zustimmung zu einer Frage oder Aussage ausgeführt werden muss.

So geht es

Alle Kinder sitzen oder stehen an ihren Plätzen. Stellen Sie nun themenbezogene Entscheidungs-fragen oder Aussagen in den Raum. Das können zur Auflockerung auch gerne verrückte Fragen oder Scherzfragen sein.

- „Der Rhein ist der längste Fluss in Deutschland."
- „Mäuse fressen Katzen."
- „Das Rücklicht am Fahrrad ist grün."

Bei Zustimmung zu einer Aussage führen die Kinder die vereinbarte Bewegung aus.

Variante

Statt der Bewegungen am Platz können Sie auch an der Tafel ein rotes Papier und an der gegenüberliegenden Wand ein grünes Papier befestigen und Fragen stellen, die ausschließlich mit Ja oder Nein zu beantworten sind. Die Kinder laufen bei Zustimmung zum grünen Papier und bei Verneinung zum roten Papier.

Hochstapelei

Das bereiten Sie vor

Bilden Sie einen Stuhlkreis. Wenn Sie kein zum Sachunterrichtsthema passendes Quartett haben, reichen
auch selbsterstellte Kärtchen: für jedes Kind eines,
immer vier gleiche mit Begriffen aus dem Thema.
Bei „Dinosaurier" z. B. „Diplodocus", „Tyrannosaurus",
„Dimetrodon", „Stegosaurus" usw.

So geht es

Mischen Sie das Quartett. Jedes Kind zieht verdeckt eine
Karte, merkt sich den Aufdruck und gibt die Karte wieder
zurück. Der Stapel wird erneut gemischt. Ziehen Sie eine
Karte, z. B. „Stegosaurus". Wenn Sie den Begriff nennen,
rücken alle, die diese Karte zuvor gezogen hatten, einen
Platz nach rechts. Ja, auch wenn dort schon jemand sitzt!
Dann wird die nächste Karte aufgedeckt und gerückt.
Weiterrücken kann aber nur, wer obenauf sitzt. Wer als
Erstes wieder auf seinem alten Platz sitzt, hat gewonnen.

Variante

Sie können statt des Kartenspiels auch Fragen zum aktuellen Sachunterrichts-Thema stellen: *„Welcher Dinosaurier
heißt wörtlich Eierdieb?"* Wer zuerst die richtige Antwort
gibt, darf einen Platz weiter rücken.

Thema:
übergreifend

Klassenstufe:
1–4

Ort:
Klassenraum

Sozialform:
ganze Klasse

Zeit:
5 Minuten

Material:
Themen-Quartett
o. Ä.

Menschliches Memory®

Thema:
übergreifend

Klassenstufe:
1–4

Ort:
Klassenraum

Sozialform:
ganze Klasse

Zeit:
10 Minuten

Das bereiten Sie vor

Zwei bis vier Memoryspieler verlassen kurz den Raum. Alle anderen verabreden sich paarweise zu einer Pantomime oder einem Laut, der zum aktuellen Sachunterrichtsthema passt.

Wichtig ist, dass die Paare nicht direkt beieinander sitzen oder stehen sollten.

Beispiel: Zum Thema „Wetter" übernehmen zwei Kinder den Regen als Pantomime (klimpernde Finger von oben nach unten), zwei weitere die Wolken (Umrisse zeigen), zwei stehen im Sturm (schräg, versuchen, sich festzuhalten), zwei stellen den Regen akustisch dar, indem sie mit den Fingerspitzen auf die Tischplatte trommeln usw.

So geht es

Der erste Memory®-Spieler ruft nun ein Kind auf, das seine Pantomime/sein Geräusch vormacht. Dann ruft er ein zweites Kind auf. Wenn die beiden Gleiches tun, hat der Spieler diese Kinder „gewonnen", und sie stellen sich hinter ihn. Sonst ist der Nächste an der Reihe.

Variante

Alle Kinder führen ihre Pantomime gleichzeitig aus.
So wird das Spiel schneller, anspruchsvoller und spannender.

Sachunterricht mit dem ganzen Körper

Treppen-Lernen

Das bereiten Sie vor

Treppen-Lernen kennen Sie vielleicht noch von früher
aus dem Fernsehen, wo Kandidaten auf einer Treppe immer eine Stufe weiter nach oben klettern durften, wenn
sie eine Frage richtig beantwortet hatten. Achten Sie aber
gerade für schwache Schüler darauf, für alle gut zu lösen-
de Fragen zu stellen, damit die Motivation erhalten bleibt
und alle eine Chance haben.

Sie können das Treppen-Lernen aber auch für bestimmte
Abfolgen einsetzen, in denen die aufeinanderfolgenden
Schritte durch die Treppenstufen symbolisiert werden.

So geht es

Unzählige Dinge lassen sich beim Treppen-Lernen einprägen:
das Linksabbiegen für die Fahrradprüfung z. B., die aufeinanderfolgenden Aufgaben im kurzen Leben einer Honigbiene, die Namen der Erdzeitalter usw.

Zuerst sollte immer beim Erklettern der nächsten Stufe der
entsprechende Begriff genannt werden (vom kletternden
Kind oder einem Partner), danach kann das Kind auf der
Treppe einen Hüpfer nach oben oder unten machen.

Das vor der Treppe stehende Kind muss sagen, welcher
Begriff nun an der Reihe ist.

Für den Anfang können Sie auch Wortkärtchen vorbereiten
und an die Treppenstufen kleben, aber mit der Zeit
braucht diese Methode keine große Unterstützung mehr.

Variante

Wenn Sie nicht auf der Treppe im Flur üben möchten,
nehmen Sie die Fliesen auf dem Boden, um die Kinder
ein Feld weiterkommen zu lassen. Hauptsache, es kommt
Bewegung ins Lernen!

Thema:
übergreifend

Klassenstufe:
1–4

Ort:
Treppenhaus

Sozialform:
Einzel- oder
Partnerarbeit

Zeit:
10 Minuten

Rollen-Fangen

Thema:
übergreifend

Klassenstufe:
1–4

Ort:
Klassenraum/
Turnhalle

Sozialform:
ganze Klasse

Zeit:
10 Minuten

Material:
evtl. ein Hut,
ein Mannschafts-
band o. Ä.

So geht es

Ein Kind ist der „Schneemann" und wird mit einem Hut, einem Mannschaftsband o. Ä. gekennzeichnet. Der Schneemann lässt den Winter einkehren: Alle Mitspieler, die der Schneemann berührt (also fängt), erstarren in ihrer Bewegung zu Eis. Aufgetaut werden können Eiskinder, denen zwei andere Kinder die Arme warmrubbeln. Sollten alle Kinder erstarrt sein, endet das Spiel, und die Schneemann-Rolle kann neu vergeben werden.

Variante

Im Klassenraum funktioniert das Spiel dann, wenn Rennen verboten ist. Aber auch das geht! Führen Sie einfach die Regel ein, wer beim Rennen erwischt wird, muss auch sofort zu Eis erstarren. Bei dieser Variante kommt es nicht mehr allzu sehr auf Schnelligkeit an, sondern auf geschicktes Wegabschneiden zwischen den Tischen und Stühlen.

Dieses Spiel können Sie thematisch an viele Sachunterrichtsthemen anpassen.
Im Winter ist der Fänger der „Schneemann", oder Sie thematisieren die Aggregatzustände von Wasser (Eis – Wasser – Dampf). Geht es um Ozeane, jagt der „Hai" die Kinder, im Mittelalter ist es der „dunkle Ritter" usw.

Lernwörter-Ballspiel

Das bereiten Sie vor

Alle Kinder bilden einen Stuhlkreis.

Legen Sie einen kleinen Softball zurecht.

Bereiten Sie Fragen und Antworten zum aktuellen Sachunterrichts-Thema vor.

So geht es

Sie oder ein Kind stellen eine Frage, entweder aus dem Stegreif oder von vorbereiteten Fragekärtchen abgelesen. Werfen Sie den Ball zu einem Kind, das möglichst schnell die Antwort nennen soll. Anschließend stellt dieses Kind die nächste Frage und wirft den Ball wiederum weiter.

Fragen bieten sich an zu Sachthemen mit eindeutig definierten Lernwörtern und Kategorien, z. B. *„Nenne ein Waldtier"*, *„Was ist schwerer: Wasser oder Öl?"*, *„Nenne eine Regel im Umgang mit Feuer"* etc.

Thema:
übergreifend

Klassenstufe:
1–4

Ort:
Klassenraum

Sozialform:
ganze Klasse

Zeit:
10 Minuten

Material:
ein kleiner Ball,
evtl.
Frage-Antwort-
Karten

Holz hacken und stapeln

So geht es

Ein „Förster" (beim ersten Mal am besten Sie selbst) will im Wald mal wieder so richtig aufräumen. Alle Kinder sind jetzt Waldarbeiter und stellen sich mit etwas Abstand zu den Nachbarn im Klassenraum hin. Der Förster gibt die Arbeiten vor, z. B. Holz hacken (Schwung der Arme von ganz oben bis zwischen den gegrätschten Beinen hindurch), Holz zersägen (weit ausholende Säge-Bewegungen allein oder zu zweit), Holz stapeln (Rumpfbeuge mit Drehung). Zwischendrin kann ruhig auch mal Schweiß abgewischt oder mit lautem Geschrei einem fallenden Baum aus dem Weg gesprungen werden. Bestimmt lassen sich die Kinder auch eigene Wald-Bewegungen einfallen.

Variante

Ein Kind macht eine neue Bewegung vor, die anderen müssen sie nachahmen.

Thema:
Wald und Boden

Klassenstufe:
1–2

Ort:
Klassenraum

Sozialform:
ganze Klasse

Zeit:
5 Minuten

Kuckuck unterwegs

Das bereiten Sie vor

Lassen Sie im Vorfeld kleine Gegenstände passend zu Ihrem aktuellen Thema von den Kindern mitbringen.

So geht es

Der Kuckuck legt seine Eier in fremde Nester, weshalb brütende Vögel genau nachsehen müssen, was sie im Nest liegen haben ...

Bei diesem Merkspiel (auch als „KIM-Spiel" bekannt) geht es darum, sich die Anordnung von bestimmten Gegenständen einzuprägen. Jede Kleingruppe macht ein bestimmtes Areal für das Spiel aus. Ein Kind hält sich die Augen zu oder verlässt kurz den Raum.
In dieser Zeit verändern die anderen einen Gegenstand im Areal, den das andere Kind erraten muss.

Thema:
Wald und Boden

Klassenstufe:
1–4

Ort:
Klassenraum
oder draußen

Sozialform:
Kleingruppen

Zeit:
10 Minuten

Material:
kleine
Gegenstände,
zum aktuellen
Thema passend

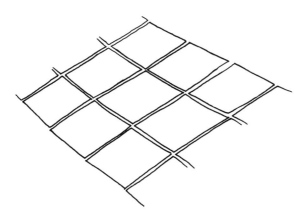

*Das Areal kann z. B. ein solches 3x3-Feld sein,
in das kleine Gegenstände gelegt werden.*

Wald-Wissens-Wettspiel

Thema:
Wald und Boden

Klassenstufe:
1–4

Ort:
Klassenraum
oder draußen

Sozialform:
ganze Klasse

Zeit:
10 Minuten

Material:
einige Blätter
und Früchte von
Bäumen (optional
auf Kärtchen
abgebildet)

Das bereiten Sie vor

Die Klasse steht sich je zur Hälfte im Abstand von einigen Metern gegenüber.
In der Mitte zwischen den beiden Reihen liegen einige Blätter und Früchte von Bäumen. Jedes Kind bekommt eine Nummer zugeteilt, sodass jede Reihe von 1 bis X durchnummeriert ist.

So geht es

Auf Ihren Zuruf eines Objekts und einer Zahl sucht das betreffende Kinderpaar den richtigen Gegenstand und bringt ihn zu seiner Gruppe. Wer fündig wird, bekommt einen Punkt.
Beispiel: *„Lindenblatt, 7!"* bedeutet, die beiden Kinder mit der Nummer 7 müssen möglichst schnell je ein Lindenblatt finden und mit zu ihrer Gruppe nehmen.

Variante

Legen Sie jedes Blatt nur einmal aus, sodass es besonders auf die Schnelligkeit ankommt. Das eignet sich aber erst dann, wenn die Kinder schon relativ sicher im Erkennen von Blättern und Früchten sind. Ansonsten würden sie sehr schnell frustriert. Dieses Spiel lässt sich natürlich für alle Themen und Fächer abwandeln mit beliebigen Gegenständen.

Wald-Netzwerk

Das Wald-Netzwerk eignet sich gut zum Verdeutlichen der Abhängigkeiten untereinander in einem Lebensraum.

So geht es

Die Klasse steht im Kreis. Ein Kind bekommt das Knäuel in die Hand und sucht sich ein Element des Waldes aus, z. B.: *„Ich bin ein Wildschwein."* Danach überlegt es sich, was es zum Leben im Wald braucht, etwa: *„Ich fresse gerne Eicheln."* Nun wirft es das Knäuel zu einem anderen Kind weiter, behält aber selbst den Anfang des Fadens in der Hand. Das zweite Kind muss nun auf die Eicheln eingehen, z. B. so: *„Ich wachse als Frucht an meinem Baum, der Eiche."* Dieses Kind hält den Faden wieder fest und wirft das Knäuel weiter. Die „Eiche" erklärt dann, dass sie z. B. Regen oder Sonne zum Leben und Wachsen benötigt usw. Nach und nach entsteht so eine deutlich erkennbare Vernetzung in der Natur. So lässt sich erkennen, was passieren kann, wenn man in dieses Netzwerk eingreift.

Variante

Wenn Ihre Klasse noch nicht damit zurechtkommt, sich spontan zu äußern, können Sie auch Wortkärtchen als Hilfen anbieten, z. B.
Wildschwein, Eichel, Eiche, Wasser, Boden, Regenwurm, Amsel, Wildkatze, Maus, Nüsse, Nussbaum, Sonne …

Thema:
Wald und Boden

Klassenstufe:
3–4

Ort:
Klassenraum

Sozialform:
ganze Klasse

Zeit:
10 Minuten

Material:
ein Knäuel
Paketschnur
oder Wolle

11

Rudi Regenwurm

So geht es

Jedes Kind macht eine Faust und stopft den „Regenwurm Rudi", den Wollfaden, hinein. Nur der Kopf darf noch herausgucken. Erzählen Sie eine Geschichte über den Regenwurm, zu der die Kinder die entsprechenden Bewegungen mit ihrem Wurm machen. Später können die Kinder auch selbst eigene Rudi-Abenteuer erzählen.

Rudi kann z. B. ...

* gaaanz langsam aus der Erde kriechen
  (aus der Faust gezogen werden),
* einen Ast hinaufkriechen (den Arm hinauf),
* ein Blatt fressen (ein Stückchen Papier),
* von Baum zu Baum wechseln (von einem Kind zum
  nächsten wechseln oder in die andere Faust wechseln),
* sich blitzschnell wieder im Boden verkriechen, weil ein
  Vogel auftaucht (zurück in die Faust)

Thema:
Wald und Boden

Klassenstufe:
1–2

Ort:
Klassenraum

Sozialform:
ganze Klasse

Zeit:
5 Minuten

Material:
ein Wollfaden
pro Kind
(15–20 cm lang)

Käferchen

So geht es

Dies ist eine kleine Gymnastikübung, die sich in jedem
Unterricht für zwischendurch eignet, um wieder neuen
Schwung zu bekommen.

Alle Kinder gehen in den Vierfüßlerstand. Zuerst werden
rechter Arm und linkes Bein gleichzeitig angehoben und
gerade nach vorn bzw. hinten gestreckt. Danach ziehen
sie die gleichen Körperteile eng unter den Körper und
gehen wieder in den Vierfüßlerstand. Anschließend wird
gewechselt: linker Arm und rechtes Bein gleichzeitig –
erst strecken, dann unter den Körper führen.

Alle Kinder sollten bei der Übung einen geraden Rücken
haben. Wenn das „Käferchen" sich 10-mal pro Seite gestreckt und gekrümmt hat, kann es weitergehen mit dem
„anstrengenden" Unterricht.

Thema:
Wald und Boden

Klassenstufe:
1–4

Ort:
Klassenraum

Sozialform:
ganze Klasse

Zeit:
5 Minuten

Ameisen-Duftspiel

Das bereiten Sie vor

Träufeln Sie auf jeden Zettel einen Tropfen Duftöl.
Alle Sorten sollen gleich häufig vertreten sein.

So geht es

Ameisen erkennen sich untereinander am Geruch.
Drei bis vier Kinder werden zu „Wächterinnen" ernannt,
die mit je einem Zettel mit einer Sorte Duftöl an einen
bestimmten Ort im Raum geschickt werden, wo ihr „Ameisenhaufen" ist. Dort setzen sie die Schlafbrille auf, um
nur riechen, nicht sehen zu können. Alle anderen Kinder
bekommen nun auch je einen Zettel mit einem Duftöl
und müssen ihren Ameisenhaufen finden. Alle, die gleich
riechen, gehören zusammen.

Tipp

Die Kinder sollten die Zettel vorsichtig am Rand anfassen
und auch die Nase nicht direkt ins Öl tauchen, sonst können sie anschließend die verschiedenen Gerüche nicht
mehr unterscheiden.

Thema:
Wald und Boden

Klassenstufe:
2–4

Ort:
Klassenraum/
Schulhof

Sozialform:
ganze Klasse

Zeit:
10–15 Minuten

Material:
3–4 Duftöle,
3–4 Schlafbrillen
oder Halstücher,
ein Zettel pro Kind

Fledermaus-Ortung

So geht es

Die Klasse stellt sich im Kreis auf, bevor besprochen wird, wie Fledermäuse auf die Jagd gehen, nämlich nachts und per Ultraschall-Ortung. Ein Kind als Fledermaus setzt die Schlafbrille auf oder verbindet sich mit dem Halstuch die Augen und „fliegt" blind auf der Waldlichtung (im aufgestellten Kreis) umher. Zwei Beutetiere (z. B. Nachtfalter) werden ebenfalls in den Kreis geschickt. Sie müssen in regelmäßigen Abständen einen Laut (leises Piepsen o. Ä.) von sich geben, damit die Fledermaus sie orten kann. Rennen ist nicht erlaubt – außer für die Fledermaus, wenn sie will. Wenn ein Beutetier gefangen ist, werden die Rollen neu besetzt.

Wichtig: Die Kinder im Kreis sind der „Waldrand" und müssen darauf achten, dass die „Fledermaus" die Lichtung nicht verlässt. Leise weisen sie die Fledermaus darauf hin, falls sie zu nahe an den Waldrand kommt. Dazu könnten die Kinder z. B. ein Blätterrauschen imitieren.

Thema:
Wald und Boden

Klassenstufe:
1–4

Ort:
Klassenraum/
Schulhof

Sozialform:
ganze Klasse

Zeit:
5–10 Minuten

Material:
eine Schlafbrille
oder Halstuch

15

Mein Baum

Das bereiten Sie vor

Gehen Sie zu einem Ort mit mehreren Bäumen, z. B. auf den Schulhof oder in den benachbarten Park. Wenn Sie die Möglichkeit haben, können Sie dieses Spiel auch direkt im Wald durchführen. Lassen Sie die Kinder Paare bilden.

So geht es

Ein Kind wird blind von seinem Partner zu einem Baum geführt. Dort beginnt es, den Baum abzutasten, zu beschnuppern, sich bestimmte Merkmale einzuprägen, wie Lage der Äste, Form der Blätter oder Nadeln, Dicke des Stammes usw.

Danach wird das Kind blind zum Ausgangspunkt zurückgeführt, idealerweise mit ein paar Umwegen. Anschließend nimmt das Kind die Schlafbrille ab und versucht, „seinen" Baum wiederzufinden. Anschließend werden die Rollen getauscht.

Variante: Wurzeln schlagen

Ungefähr ein Drittel der Klasse zieht sich Schlafbrillen an, damit es nichts mehr sieht. Alle anderen Kinder stellen sich nun als Bäume oder setzen sich als Büsche irgendwo auf das ausgemachte Spielfeld (Schulhof/Turnhalle).

Die blinden Kinder gehen vorsichtig los und ertasten sich einen „Baum" oder „Busch". Sobald sie einen gefunden/ berührt haben, werden die Rollen getauscht: Das suchende Kind wird zum „Baum", der „Baum" bekommt die Schlafbrille und macht sich selbst auf die Suche.

Thema:
Wald und Boden

Klassenstufe:
1–4

Ort:
Schulhof/
Park/Wald

Sozialform:
ganze Klasse,
Partnerarbeit

Zeit:
15–20 Minuten

Material:
Schlafbrillen
bzw. Halstücher
für die halbe
Klasse

Sachunterricht mit dem ganzen Körper

Wasser abschütteln

Das bereiten Sie vor

Dies ist eine kleine Auflockerungsübung für zwischendurch – jederzeit zum Ritualisieren des Unterrichts ein-
setzbar. Die Kinder stehen im Kreis oder locker im Klassenraum verteilt. Die Beine sind leicht gegrätscht.

So geht es

„Schüttelt eure Hände ganz locker, so als ob ihr Wasser-
tropfen abschütteln würdet."
Nach einigen Sekunden geht es weiter:
*„Schüttelt euch kräftiger, sodass sich auch die Unterarme und
Oberarme bewegen ... Schüttelt euch jetzt mit dem ganzen
Oberkörper. Stellt euch vor, ihr seid nasse Hunde, die gerade
aus dem Wasser kommen ... Werdet jetzt etwas langsamer
... Versucht, das Wasser vom rechten Fuß abzuschütteln ...
Und jetzt vom linken Fuß ... Nun seid ihr gut getrocknet und
könnt euch wieder hinsetzen."*

Thema:
Wasser und Wetter

Klassenstufe:
1–2

Ort:
Klassenraum

Sozialform:
ganze Klasse

Zeit:
10 Minuten

17

Es regnet

So geht es

Regen beginnt meist ganz leise und sanft, nimmt dann an Stärke zu.
Nach dem großen Guss wird er wieder schwächer, bis er ganz versiegt. Nacheinander führen die Kinder die verschiedenen Stufen des Regens aus:

* *„Leichter Nieselregen."* (Finger reiben),
* *„Leichter Regen."* (Handflächen aneinanderreiben),
* *„Erste dicke Tropfen fallen."* (Fingerschnipsen),
* *„Es regnet stärker."* (auf die Oberschenkel klatschen),
* *„Starkregen!"* (auf die Sitzfläche des Stuhls trommeln),
* *„Gewitterregen!"* (mit den Füßen auf den Boden trampeln).

Danach geht es Schritt für Schritt mit den Regen-Stufen wieder rückwärts, bis es aufhört, zu regnen. Wenn es wieder ganz still ist, kann weitergearbeitet werden.

Thema:
Wasser und Wetter

Klassenstufe:
1–4

Ort:
Klassenraum

Sozialform:
ganze Klasse

Zeit:
5 Minuten

Sachunterricht mit dem ganzen Körper

Wetter-Fangen

Das bereiten Sie vor

Legen Sie eine Start- und eine Ziellinie in der Turnhalle oder auf dem Schulhof fest. Teilen Sie die Klasse in mindestens vier Gruppen auf, z. B. „Sturm", „Regen", „Schnee", „Sonne" (nach Belieben auch mehr).

So geht es

Ein Kind wird zum Meteorologen/zum Nachrichtensprecher/zum Wetterbauern o. Ä. ernannt und stellt sich an der Ziellinie auf. Alls anderen stehen an der Startlinie und rufen: „Wie wird das Wetter morgen?" Der Meteorologe ruft ein Wetterphänomen zurück. Alle Kinder laufen nun los in Richtung Ziellinie.

Die Kinder, zu denen das vorhergesagte Wetter passt, können ganz ruhig die Seiten wechseln, alle anderen aber können vom Meteorologen gefangen werden. Gefangene Kinder werden ebenfalls zum Meteorologen und müssen in der nächsten Runde mit ihm die anderen fangen. Neuer Meteorologe für die nächste Runde wird, wer am Schluss übrig bleibt.

Thema:
Wasser und Wetter

Klassenstufe:
1–3

Ort:
Schulhof/
Turnhalle

Sozialform:
ganze Klasse

Zeit:
15 Minuten

19

Alle Wetter!

Thema:
Wasser und Wetter

Klassenstufe:
1–4

Ort:
Schulhof/Turnhalle/
Klassenraum

Sozialform:
ganze Klasse

Zeit:
10 Minuten

So geht es

Vor dem Spiel wird ausgemacht, welche Wetter-Ansage welche Handlung zu bedeuten hat, z. B.

„Wasser!": Alle rennen zu den Langbänken am Hallenrand und klettern hinauf./Alle Kinder klettern auf die Stühle im Klassenraum.

„Sturm!": Immer zwei Kinder halten sich aneinander fest.

„Blitz!": Alle ducken sich auf den Boden.

„Sonne!": Alle legen sich auf den Rücken in die Sonne.

„Eis!": Alle erstarren in der momentanen Bewegung.

Alle Kinder laufen kreuz und quer durch die Halle bzw. bewegen sich vorsichtig durch den Klassenraum.

Ein Kind darf das Wetter ansagen. Die anderen müssen schnell reagieren, denn wer der Letzte ist, scheidet für eine Runde aus.

Sachunterricht mit dem ganzen Körper

Froschhüpfen

Dass Kröten im Frühjahr wandern und großen Gefahren ausgesetzt sind und dass Frösche überaus flotte Hüpfer sind, die auch auf der Straße nichts zu suchen haben, wissen die Kinder hoffentlich schon. Zur Rettung gerade der Frösche ist dieses Spiel gedacht:

So geht es

Die Kinder bilden Paare. Die Partner stehen sich im Abstand von einigen Metern gegenüber. Ein Kind hat den Frosch (den Gummiball), das andere den Becher. Ein Kind mit Ball darf „Froschhüpfen!" rufen, dann prellen alle ihren Flummi auf den Boden. Die Becher-Kinder müssen die Frösche mit dem Becher einfangen, solange sie noch springen. Frösche, die bereits „leblos" am Boden liegen, dürfen nicht einfach aufgehoben werden.
Danach werden die Rollen getauscht.

Thema:
Wasser und Wetter

Klassenstufe:
1–2

Ort:
Klassenraum/
Turnhalle

Sozialform:
ganze Klasse,
Partnerarbeit

Zeit:
5 Minuten

Material:
Gummibälle
(Flummis)
für die Hälfte
der Kinder,
Trinkbecher für
die andere Hälfte

Waschweiber fangen

Früher gab es noch richtige Waschtage, an denen sich die Frauen eines Dorfes trafen, um gemeinsam am Bach oder in der örtlichen Waschküche zu waschen. Natürlich fehlten da immer mal wieder der einen oder anderen ein paar Wäscheklammern. Es ist jedoch historisch nicht belegt, ob sie sich tatsächlich so beholfen haben wie unten beschrieben...

Thema:
Wasser und Wetter

Klassenstufe:
1–4

Ort:
Turnhalle/Schulhof

Sozialform:
ganze Klasse

Zeit:
15 Minuten

Material:
5 Wäscheklammern
pro Kind

So geht es
Jedes Kind klemmt seine fünf Wäscheklammern hinten an den unteren Bund des Pullovers. Nach dem Spielstart versuchen alle, den anderen Kindern ihre Klammern (immer nur eine auf einmal!) abzunehmen und selbst dabei keine zu verlieren. Erbeutete Klammern werden ebenfalls an den Pullover geklammert. Wer keine Klammern mehr hat, scheidet für diese Runde aus.

Variante
Die „Waschweiber" können umgekehrt auch versuchen, ihre Klammern möglichst schnell loszuwerden, indem sie diese jemand anderem an den Pullover klemmen.

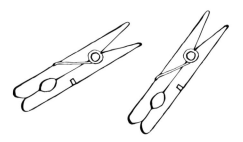

Rettungsboot in Not!

Piraten waren oft in Kämpfe verwickelt. Oft sind ihre Schiffe dabei gekentert. Schnell mussten sich die Piraten dann in Rettungsbooten in Sicherheit bringen …

So geht es

Jede Gruppe sitzt auf einer Decke (im Klassenraum) oder einer weichen Gymnastikmatte (in der Turnhalle). Diese ist das Rettungsboot, denn das Piratenschiff der Klasse ist längst gekentert und liegt für immer verloren auf dem Meeresboden. Leider setzt nun ein furchtbarer Sturm ein, sodass auch das Rettungsboot kentert. Alle Kinder müssen jetzt die Decke oder Matte komplett wenden (damit das Boot nicht mehr kieloben treibt), ohne jedoch dabei das Meer (den Fußboden) zu berühren. Je mehr Kinder an Bord sind, desto größer und lustiger wird die Kletterei.

Thema:
Piraten

Klassenstufe:
1–4

Ort:
Klassenraum/
Turnhalle

Sozialform:
Gruppen
(4–8 Kinder)

Zeit:
5–10 Minuten

Material:
eine Decke oder
Gymnastikmatte
pro Kleingruppe

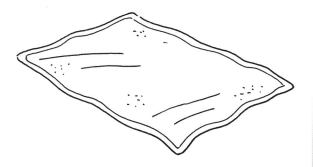

Piraten ahoi!

Das bereiten Sie vor

Piraten haben viele Aufgaben an Bord: Taue ziehen oder aufrollen, Enterhaken werfen, am Mast hoch in den Ausguck klettern, durchs Fernrohr gucken, Suppe in der Kombüse umrühren und vieles mehr.

Der Käpt'n (Sie oder ein Kind) gibt die Aufgaben vor, die Piraten haben sie pantomimisch auszuführen – natürlich mit richtiger Anstrengung!

So geht es

Die Klasse steht im Kreis, und die verschiedenen Aufgaben werden reihum vergeben, immer wieder von vorne, bis alle eine Aufgabe haben.

Beispiele: Tau ziehen, Tau rollen, auf den Mast klettern, durchs Fernrohr gucken, Suppe rühren ... und wieder von vorn. Immer nach einigen Sekunden lässt der Käpt'n die Aufgaben wechseln, z. B. übernimmt nun immer der rechte oder linke Nachbar die Aufgabe, sodass jeder aufpassen muss, was seine Nachbarn gerade tun. Richtungswechsel können auch öfter geschehen.

Thema:
Piraten

Klassenstufe:
1–2

Ort:
Klassenraum

Sozialform:
ganze Klasse

Zeit:
5 Minuten

Der große Piratenknoten

Die Piraten haben wieder einmal wild gefeiert und
können am nächsten Morgen nicht lossegeln, weil alle
Taue total verknotet sind.

So geht es

Alle Kinder stellen sich im Kreis auf, schließen die Augen
und strecken die Arme nach vorne. Dann gehen sie ganz
langsam in Richtung Kreismitte. Jeder greift sich blind
zwei Hände anderer Kinder. Wenn keine Hand mehr frei
ist, dürfen die Augen geöffnet werden, aber auf keinen
Fall eine Hand losgelassen werden.

Ob es die verkaterten Piraten schaffen, Ordnung in das
Durcheinander zu bringen, ohne dass das „Tau" reißt, also
ohne dass die Hände losgelassen werden? Zu wie vielen
Kreisen haben sich die Piraten zusammengeschlossen?
Hier müssen die Kinder kooperativ zusammenarbeiten
und ein wenig körperliches Geschick anwenden.

Thema:
Piraten

Klassenstufe:
2–4

Ort:
Klassenraum/
Turnhalle

Sozialform:
halbe oder
ganze Klasse

Zeit:
5 Minuten

Einbein-Kampf

Aber natürlich hat jeder Pirat ein Holzbein! Nur hat er das für dieses Spiel noch nicht angeschnallt ...

So geht es

Die Klasse steht sich in zwei Reihen gegenüber.
Die jeweils ersten Kinder verschränken die Arme, gucken piratengrimmig und hüpfen auf einem Bein aufeinander zu. Sie rempeln sich (vorsichtig) an. Wer aus Versehen doch sein zweites Bein einsetzt um das Gleichgewicht zu halten, hat diese Runde verloren.

Achtung: Starkes Rempeln und das Bewegen der Arme ist streng verboten!
Die jeweiligen Sieger der Paare treten erneut gegeneinander an (im K.O.-System), bis ein Sieger feststeht, der feierlich zum Piratenkapitän des Tages ernannt wird.
Sollten drei Kinder übrig bleiben, können diese auch aus drei Richtungen aufeinander zu hüpfen und ein Finale zu dritt bestreiten.

Thema:
Piraten

Klassenstufe:
1–2

Ort:
Turnhalle/Schulhof/
Schulflur

Sozialform:
Partnerarbeit

Zeit:
10–20 Minuten

Windrichtung

So geht es

Jeweils eine Gruppe von bis zu acht Kindern sitzt im
Kreis, ein Kind mit verbundenen Augen in der Mitte.
Der Fächer wird innerhalb der Gruppe herumgegeben.
Wer möchte, darf etwas Wind machen. Wenn der „Meteorologe" in der Kreismitte den Luftzug bemerkt, zeigt er in
die Richtung, aus der der Wind kam. Liegt er richtig, hat
er einen Punkt gewonnen. Nach drei oder fünf Punkten
kann das Kind abgelöst werden. Je mehr Kinder im Kreis
sitzen und je größer der Abstand zum „Meteorologen" ist,
desto schwieriger wird es natürlich, die genaue Richtung
zu ermitteln.

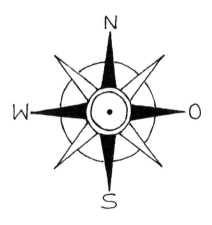

Thema:
Luft

Klassenstufe:
1–4

Ort:
Klassenraum

Sozialform:
Gruppen
(4–8 Kinder)

Zeit:
10 Minuten

Material:
ein einfacher
Fächer (z. B. aus
einem Blatt Papier
gefaltet),
eine Schlafbrille
(oder Halstuch)
pro Kleingruppe

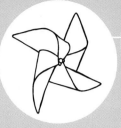

Ballons in der Luft halten

Das bereiten Sie vor
Blasen Sie mehrere Luftballons auf.

So geht es
Alle Kinder versuchen zunächst für sich alleine, ihren Luftballon durch wiederholtes Anstoßen in der Luft zu halten. So erfahren sie durch verschiedenes Ausprobieren die Eigenschaften von Luft. Der Luftballon darf nicht zwischendurch festgehalten werden. Wer es am längsten schafft, hat gewonnen.

Varianten im Klassenraum
Legen Sie bestimmte anspruchsvollere Regeln fest:
- Der Ballon darf nur mit einem bestimmten Körperteil (Hand, Kopf, Knie, Nase ...) berührt werden.
- Der Ballon darf nur mit einem bestimmten Gegenstand in der Luft gehalten werden (Stück Pappe, Feder, Stift ...)

Varianten in der Turnhalle oder auf dem Schulhof
Innerhalb eines abgegrenzten Feldes müssen mehrere verschiedenfarbige Ballons in der Luft gehalten werden, aber nicht alle Kinder dürfen alle Ballons berühren, sondern eine Gruppe nur den roten, eine Gruppe nur den blauen Ballon usw. Auch hier können wieder bestimmte Körperteile benannt werden etc.

- Jeweils zwei oder mehrere Kinder spielen sich einen Ballon gegenseitig zu und müssen ihn in der Luft halten. Auch hierbei können Sie verschiedene Körperteile oder Gegenstände benennen, die ausschließlich benutzt werden dürfen.

Thema:
Luft

Klassenstufe:
1–4

Ort:
Klassenraum/
Turnhalle/Schulhof

Sozialform:
Einzel-/Partner-/
Gruppenarbeit

Zeit:
10 Minuten

Material:
ein Luftballon pro
Kind, evtl. einige
Pappstücke
(oder Bücher
oder Hefter),
evtl. einige Federn
(Bastelbedarf)

Ballons in der Luft halten

Varianten in der Turnhalle

◆ Jeweils zwei oder mehrere Kinder spielen Ball-über-die-Schnur
mit dem Luftballon. Ziel ist es, den Ballon im gegnerischen
Feld auf dem Boden unterzubringen, um einen Punkt zu
bekommen.
Wenn mehr als zwei Kinder in einem Feld stehen, müssen
diese sich den Ball 3-mal zuspielen, bevor er über die Schnur
geschlagen werden darf.

◆ Spielen Sie Ball-über-die-Schnur mit festgelegten Rollen für
jeden einzelnen Mitspieler. Kind A darf den Ballon nur mit der
Hand berühren, Kind B nur mit dem Fuß, Kind C nur mit dem
Knie usw.

◆ Bringen Sie in einem großen Ball-über-die-Schnur-Feld mit
mehreren Kindern einen zweiten und einen dritten Ballon ins
Spiel, die alle nicht den Boden berühren dürfen.

28

Auf Luft liegen

Das bereiten Sie vor

Blasen Sie so viele Luftballons auf, dass der Kopfkissenbezug komplett damit gefüllt werden kann.

Thema:
Luft

Klassenstufe:
1–4

Ort:
Klassenraum

Sozialform:
ganze Klasse

Zeit:
5 Minuten

Material:
ein Kopfkissen-
bezug voller
aufgeblasener
Luftballons

So geht es

Luft ist nicht nichts! Luft alleine trägt uns zwar noch nicht, aber wenn wir sie „einsperren", klappt das schon: Wer sich zuerst auf allen Vieren außerhalb der „Luftmatratze" abstützt und dann vorsichtig auf die Ballons legt, wird von der Luft getragen.

Variante

Wenn Sie keinen Kopfkissenbezug „opfern" möchten, können sich mehrere Kinder auch sehr eng kniend zu einem Kreis zusammensetzen, sodass die Ballons auf diese Weise gehalten werden. So ist auch optisch noch deutlicher, worauf das Kind in der Mitte dann wirklich liegt.

Das große Pusten

So geht es

In der Mitte eines Schülertisches wird (mit dem Bleistift/mit Kreide/mit einem Klebeband) eine Mittellinie markiert. Zum „Einzel-Tennis" stehen sich zwei Kinder gegenüber, zum „Doppel-Tennis" treten vier Kinder an: Ein Wattebausch wird auf die Mittellinie gelegt. Vom Startzeichen an pustet jeder Spieler so geschickt er kann, um den Wattebausch beim Gegner über die Tischkante zu befördern. Allerdings gilt nur die hintere Tischkante, nicht die seitliche! Es ist also nicht nur Kraft, sondern auch Koordination gefragt.

Vorher kann ausgemacht werden, ob schon beim ersten Punktgewinn neue Teams gebildet werden bzw. das Spiel beendet ist oder ob dies erst bei einem bestimmten Punktestand geschieht.

Varianten

* Lassen Sie die Kinder durch Trinkhalme pusten, um einen Tischtennisball auf dem Spielfeld zu bewegen. Das funktioniert dann aber am besten auf dem Fußboden.
* Sowohl mit Wattebausch als auch mit Tischtennisball können kurze Hindernis-Spielfelder eingerichtet werden: Die Kinder legen aus Büchern, Mäppchen und anderen Alltagsgegenständen eine Strecke aus, die möglichst schnell durchlaufen werden muss.

Thema:
Luft

Klassenstufe:
1–4

Ort:
Klassenraum

Sozialform:
Gruppenarbeit

Zeit:
5 Minuten

Material:
mehrere Wattebäusche, evtl. Trinkhalme, Tischtennisbälle

30

Luftpostgemüse

So geht es

Jedes Kind bekommt einen Trinkhalm. Die Trockenerbsen werden in einer Schale auf den Tisch gestellt.
Nun darf das erste Kind versuchen, durch den Trinkhalm
eine Erbse anzusaugen und so zur nächsten, etwas ent-
fernten Schüssel zu transportieren.

Wenn das gut klappt und alle bereit sind, kann der Wettbewerb starten: als Fließbandbetrieb durch sechs bis acht
Schüsseln bis zum Ende einer langen Tischreihe oder auch
als Wettbewerb zwischen Kleingruppen oder halben Klassen,
die möglichst schnell möglichst viele Erbsen von A über B
und C nach D befördern müssen usw.

Sie können auch vereinbaren, dass sich die Kinder gegenseitig die Erbsen per Strohhalm übergeben müssen.

Thema:
Luft

Klassenstufe:
1–4

Ort:
Klassenraum

Sozialform:
ganze Klasse

Zeit:
10–20 Minuten

Material:
mehrere Schälchen,
Trinkhalme für alle,
Trockenerbsen

Sachunterricht mit dem ganzen Körper

Luftballon im Bauch

So geht es

Ein Kind legt sich auf den Boden und hat einen „Luftballon verschluckt", das zweite Kind ist die „Luftpumpe".
Die Luftpumpe gibt an, wie weit gefüllt der „Luftballon"
jeweils ist. Zu Beginn z. B.: *„Du bist ganz leer."*, wobei
das Luftballon-Kind alle Luft aus dem Bauch ausatmet.
Dies erfordert bewusste Bauchatmung und trainiert die
Körperwahrnehmung.

Wenn die „Luftpumpe" pumpt, wird der Luftballon immer
dicker (die Bauchdecke hebt sich, weil das Kind immer
weiter in den Bauch einatmet). Manchmal entweicht
dazwischen auch wieder etwas Luft, ganz nach Ansage.
Wenn der Ballon komplett aufgeblasen ist, kann er auch
mit einem Knall (Händeklatschen) zerplatzen, wobei die
Luft schlagartig aus ihm entweicht. Anschließend werden
die Rollen getauscht.
Am besten spürt der Ballon nach, wie er aufgeblasen wird,
indem er eine Hand (oder auch die Hand des Partners) auf
dem eigenen Bauch liegen hat.

Thema:
Luft

Klassenstufe:
1–3

Ort:
Klassenraum/
Turnhalle

Sozialform:
Partnerarbeit

Zeit:
10 Minuten

Handauflegen

Das bereiten Sie vor

Bilden Sie Kleingruppen von vier bis sechs Kindern.
Jede Gruppe bildet einen Kreis, in dessen Mitte ein Kind
mit geschlossenen Augen (oder Schlafbrille oder Tuch vor
den Augen) steht.

So geht es

Nun legen einige Kinder des Umkreises eine oder beide
Hände auf den Rücken oder die Schulter des „blinden"
Kindes. Dazu spricht sich der Kreis still, nur durch Gesten,
ab. Kann das „blinde" Kind, ohne nachzufühlen, heraus-
bekommen, wie viele Hände auf seinem Körper liegen?

Wenn es eine Zahl geraten hat, nehmen die anderen Kinder
nacheinander Hand für Hand vom Körper weg und zählen
dabei laut mit. So können alle Kinder gemeinsam die
Anzahl der Hände kontrollieren. Anschließend werden
die Rollen getauscht.

Thema:
Körper und Sinne

Klassenstufe:
1–4

Ort:
Klassenraum

Sozialform:
Kleingruppen

Zeit:
5 Minuten

Material:
eine Schlafbrille
oder ein Halstuch
pro Kleingruppe

Stille Post mit Gesichtern

So geht es

Alle mitspielenden Kinder (sechs bis zehn pro Gruppe) stehen in einer langen Reihe hintereinander. Das letzte Kind denkt sich eine bestimmte Grimasse oder Mimik aus. Dann tippt es den Vordermann an, der sich zu ihm herumdreht und sich dieses Gesicht merken muss, denn er soll ebendiese Grimasse an seinen Vordermann „weitergeben". Wenn das Gesicht beim ersten Kind der Reihe angekommen ist, kann verglichen werden, ob es noch dem ursprünglichen gleicht.

Variante

Für jüngere (oder unruhigere) Kinder ist eine Reihe mit der ganzen Klasse zu lang. Bilden Sie dann einfach kleinere Gruppen aus höchstens fünf Kindern. Nach und nach werden Ihre Schüler aber auch gerne versuchen wollen, längere Reihen zu schaffen.

Thema:
Körper und Sinne

Klassenstufe:
1–4

Ort:
Klassenraum

Sozialform:
größere Gruppen

Zeit:
5 Minuten

Stille Reihe

Thema:
Körper und Sinne

Klassenstufe:
3–4

Ort:
Klassenraum

Sozialform:
Gruppen oder
ganze Klasse

Zeit:
5 Minuten

So geht es

Eine vorher festgelegte Gruppe (oder sogar die ganze Klasse) muss sich nach vorher festgelegten Kriterien möglichst schnell in einer Reihe anordnen. Dabei darf nicht gesprochen werden!
Beispiele: nach der Größe aufstellen, nach der Reihenfolge der Geburtstage im Jahr, nach der Haarfarbe von hell bis dunkel usw.

Variante

Blind und/oder stumm kann ebenfalls gespielt werden. Das eignet sich aber eher für eine Klassenfahrt, wenn auch ein wenig Klamauk mit einfließen darf: Im abgedunkelten Raum müssen sich alle, ohne zu sprechen, nach der Größe sortieren. Alternativ verbinden Sie allen Kindern die Augen, erlauben aber, sich zu unterhalten.

Reflektieren Sie anschließend, welcher Sinn der wichtigere war, um sich zu organisieren: das Sehen oder das Hören.

Verschwörung aller Augen

So geht es

Die Klasse sitzt im Stuhlkreis, alle haben die Augen geschlossen. Auf das Startzeichen hin öffnen die Kinder die Augen und sehen irgendjemanden im Kreis an. Die Aufgabe besteht nun darin, dass die ganze Gruppe irgendwann dasselbe Kind anschaut, ohne jedoch miteinander zu sprechen. Ob das klappt?

Im Anschluss könnten Sie mit Ihrer Klasse darüber reflektieren, wie die Körpersprache in Gruppen das Verhalten beeinflussen kann.

Thema:
Körper und Sinne

Klassenstufe:
1–4

Ort:
Klassenraum

Sozialform:
ganze Klasse

Zeit:
5 Minuten

Siamesische Zwillinge

Thema:
Körper und Sinne

Klassenstufe:
1–3

Ort:
Klassenraum

Sozialform:
Partnerarbeit

Zeit:
5 Minuten

Material:
evtl. eine Jacke
pro Paar

So geht es

Immer zwei Kinder bilden ein „siamesisches Zwillings-
paar", indem sie dicht hintereinanderstehen und das
hintere Kind seine Arme unter den an den Körper ange-
legten Armen des vorderen hindurchstreckt. Das vordere
Kind erzählt eine möglichst spannende Geschichte (vom
letzten Wochenende, aus der letzten Stunde, von den
Vorhaben am Nachmittag usw.), und das hintere Kind
macht mit seinen Armen die passenden Gesten dazu.
Noch besser wirkt das, wenn beide Kinder sich eine
Jacke falsch herum überziehen, sodass das hintere Kind
seine Arme in die Ärmel steckt und das vordere Kind die
Jacke auf der Brust trägt.

Variante

Lassen Sie ein Gespräch (über das aktuelle Sachunterrichtsthema beispielsweise) beginnen, sich die Zwillingspaare Fragen zum Thema stellen usw.

Linientreue

Das bereiten Sie vor

Zeichnen Sie mit Kreide eine Linie auf den Boden,
oder kleben Sie mehrere Klebestreifen auf den Boden –
entweder in 90-Grad-Winkeln oder in Schlangenlinien –
ganz nach Belieben.

So geht es

Die Kinder bilden Paare. Ein Kind bekommt die Augen ver-
bunden bzw. setzt eine Schlafbrille auf. Dieses wird vom
Partner zu Beginn zu einer der Linien geführt. Das andere
Kind hat die Aufgabe, seinen Partner sicher entlang der
Linie durch den Parcours zu bringen. Dazu vereinbaren die
Partner entsprechende Signale. Das können simple Anwei-
sungen, wie *„Links!"*, *„Rechts!"*, *„Weiter!"*, *„Stopp!"* sein
oder auch fantasievolle Geräusche.

Thema:
Körper und Sinne

Klassenstufe:
1–4

Ort:
Klassenraum/
Turnhalle

Sozialform:
Partnerarbeit

Zeit:
10 Minuten

Material:
Klebestreifen
oder Kreide,
eine Schlafbrille
oder ein Halstuch
pro Paar,
evtl. beliebige
Hindernisse

37 Linientreue

Am lustigsten wird es, wenn viele Paare gleichzeitig spielen.
Dann müssen die „blinden" Kinder ihren Partner unter all den
anderen heraushören. Anschließend werden die Rollen getauscht.

Variante 1

Stellen Sie links und rechts der Linien Hindernisse, wie Tische und
Stühle, auf (bzw. Pylonen, Kästen, Kegel etc. in der Turnhalle).
In diesem Fall sollte das Spiel aber schon eine Weile bekannt sein.
Der „steuernde" Partner hat dabei eine besonders verantwortungsvolle
Aufgabe, da das Kind im Parcours sich nicht verletzen darf.

Variante 2

Es können auch mehrere „blinde" Zwillingspaare losgeschickt werden,
die von einem einzelnen Kind dirigiert werden. Diese können entweder
unabhängig voneinander den Parcours durchlaufen oder sich an den
Händen halten.

Variante 3

Für sehr geübte Kinder bauen Sie die Hindernisse nicht neben dem
Parcours, sondern auf dem zu gehenden Weg auf. Dann müssen die
Kinder blind über Stühle, Tische, Kästen o. Ä. klettern. Das steuernde
Kind beschreibt die Hindernisse dabei so gut wie möglich und gibt
Tipps zum Überqueren.

Was ist falsch, was fehlt?

So geht es

Kleingruppen von drei bis sechs Kindern vereinbaren einen bekannten Handlungsablauf, den sie pantomimisch darstellen. Beispiele:

* morgens aufstehen, sich anziehen, frühstücken, Zähne putzen und zur Schule gehen
* ein Fußballspiel spielen vom Umziehen bis zum Duschen
* eine Gemüsesuppe kochen
* im Supermarkt einkaufen gehen

Für Anfänger wird dieser Ablauf bekannt gegeben, Profis müssen auch dies noch erraten. Wichtig ist, dass die Kleingruppe vorher geheim ausgemacht hat, dass eine Handlung im Ablauf falsch ist, dass z. B. bei der Gemüsesuppe eine Banane geschält und hinzugegeben wird oder beim Schulweg ein Flugzeug benutzt wird. Ist der Fehler erraten, kommt die nächste Kleingruppe an die Reihe.

Variante

Bei den Handlungsabläufen kann auch verabredet werden, dass eine wichtige Handlung darin einfach weggelassen wird, die dann erraten werden muss. Beispiel: Beim morgendlichen Aufstehen wird das Zähneputzen „vergessen". Ob das jemand herausfindet?

Thema:
Körper und Sinne

Klassenstufe:
3–4

Ort:
Klassenraum

Sozialform:
Kleingruppen
oder ganze Klasse

Zeit:
15 Minuten

Hör-Memo

Das bereiten Sie vor

Stellen Sie ein Memory®-Spiel aus Geräuschen her.
Füllen Sie in jeweils zwei Döschen den gleichen Inhalt,
z. B. Obstkerne, Getreidekörner etc.
Stellen Sie ca. zwölf Döschen zu einem Rechteck auf.

Thema:
Körper und Sinne

Klassenstufe:
1–4

Ort:
Klassenraum

Sozialform:
Partnerarbeit

Zeit:
5–10 Minuten

Material:
viele kleine
Döschen mit
Deckel (blickdicht),
verschiedene
Kleinmaterialien
(z. B. Obstkerne,
Getreidekörner)

So geht es

Jeweils zwei Kinder spielen Memory® mit den Geräusche-
Döschen. Immer zwei Döschen dürfen aufgehoben und
geschüttelt werden. Ist ein Kind der Meinung, 2-mal das
gleiche Geräusch gehört zu haben, darf es die Döschen
öffnen und hineinschauen. Wer einen Treffer landet,
darf die Döschen behalten und ist nochmal dran.
Wer am Schluss die meisten Döschen gesammelt hat,
ist der Sieger.

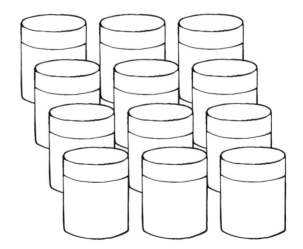

Ähren klären,
Rispen tasten

Das bereiten Sie vor
Befüllen Sie jeden Baumwollbeutel mit einer Sorte
Ähren bzw. Rispen.

So geht es
Sie können in nahezu jedem Thema als ganzheitliches
Spielangebot Lerngegenstände ertasten lassen.
Hier exemplarisch zum Thema Getreide:
Die Kinder greifen nacheinander in jeden Beutel und
befühlen den Inhalt. Wurden die Eigenschaften der verschiedenen Getreidesorten vorher besprochen, erraten
die Kinder hoffentlich die richtige Getreideart.
Die Länge der Grannen von Weizen (ultrakurz bis nicht
vorhanden), Roggen (kurz) und Gerste (lang) lassen eine
gute Unterscheidung zu. Hafer ist sowieso ein Rispenge-
treide, das sich ganz anders als die anderen drei anfühlt.

Variante 1
Zusätzlich können Sie noch die mitgebrachten und jeweils
dazu passenden Produkte zuordnen lassen, z. B. Brot,
Getreidekaffee, Haferflockenpackung, Malzbier.

Variante 2
Sie können daraus auch ein Spiel auf Zeit machen.
Jedes Kind hat nur 15 Sekunden Zeit, so viele Sorten
wie möglich zu ertasten. Oder es treten immer zwei Kinder
gegeneinander an. Wer hat als Erstes alle Getreidesorten
in der richtigen Reihenfolge erraten?

Thema:
Ernährung

Klassenstufe:
1–4

Ort:
Klassenraum

Sozialform:
Einzelarbeit/
Partnerarbeit

Zeit:
5 Minuten

Material:
mehrere Ähren
von Weizen,
Roggen, Gerste,
mehrere Rispen
von Hafer, mehrere
Baumwollbeutel

Pizza Speziale

So geht es

Die Hälfte der Kinder legt sich entweder bäuchlings auf den Turnhallenboden oder mit dem Oberkörper auf den Schultisch. Dann beginnen die Partner mit der Pizza-Massage:

Mehl ausstreuen: *mit den Fingern über den ganzen Rücken wischen*

Eier aufschlagen: *mit der flachen Hand mehrfach auf den Rücken drücken*

Hefe, Salz, Öl usw. dazugeben, dann kneten: *den ganzen Rücken gut durchkneten*

Dann den Pizzateig ausrollen und mit Salami *(flache Hand)*, Oliven *(leichte Faust)*, Paprikastreifen *(Bögen mit einem Finger zeichnen)* belegen und mit geriebenem Käse bestreuen *(mit allen Fingern über den Rücken „klimpern")*.

Ab in den Ofen: *mit dem Oberkörper oder beiden Armen vorsichtig den Rücken des Partners wärmen*

Zum Schluss die Pizza in Teile zerschneiden: *Schnittbewegung auf dem Rücken andeuten*

Guten Appetit!

Thema:
Ernährung

Klassenstufe:
1–4

Ort:
Klassenraum/
Turnhalle

Sozialform:
Partnerarbeit

Zeit:
10 Minuten

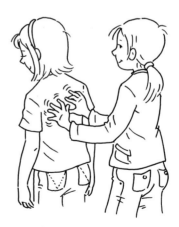

Echte Butter herstellen

So geht es

Butter machen ist ganz einfach – dafür braucht es nur
kräftigen Körpereinsatz. Die Kinder füllen die Sahne ins
Glas (max. halbvoll) und verschließen es gut. Nun wird
so lange wild geschüttelt, bis die Sahne zu Butter ver-
steift ist. Die Molke (die übrig gebliebene Flüssigkeit)
vorsichtig ins Waschbecken abgießen, evtl. nochmals
schütteln. Dann die Butter einfach aufs Frühstücksbrot
streichen.
Oder mit Kräutersalz ganz schnell eine Kräuterbutter
oder gar eine Blumenbutter (z. B. mit essbaren Rosen-,
oder Ringelblumenblüten oder Kapuzinerkresse) anrühren:
Die schmeckt noch besser!

Variante

Butter kann nicht nur geschüttelt, sondern auch gestampft werden. Dazu brauchen Sie ein kleines „Butter-
fass" aus Holz oder Keramik mit Stampfer. Darin wird die
Sahne so lange gestampft, bis sie zu Butter geworden ist.

Thema:
Ernährung

Klassenstufe:
1–2

Ort:
Klassenraum

Sozialform:
Einzel-,
Partner- oder
Gruppenarbeit

Zeit:
10–15 Minuten

Material:
ein Päckchen
H-Sahne,
ein Schraub-
deckelglas

43

Mehl herstellen

Das bereiten Sie vor

Lassen Sie die Kinder im Vorfeld von zu Hause alte Getreidemühlen, Mörser, Mahlsteine etc. mitbringen. Sicher haben viele Großeltern noch solche „Schätze" im Keller. Stellen Sie verschiedene Getreidesorten (ganzes Korn), Schüsseln und Siebe bereit.

So geht es

Teilen Sie die Klasse in so viele Gruppen ein, wie Sie Getreidemühlen zur Verfügung haben. Jede Gruppe beschäftigt sich mit einer Getreidesorte und mahlt sie zu Mehl. Die Vorgehensweise hängt von dem Werkzeug ab. Bei einer Mühle mit Handkurbel oder einer Haferflockenquetsche bekommen die Kinder im Handumdrehen eine Menge Mehl zusammen. Schwieriger ist es, das Getreide mit einem Mahlstein oder einem Mörser zu zerquetschen. Hier ist die Ausbeute wesentlich geringer.

Mit dem eigenen Mehl kann in einer nächsten Stunde natürlich auch noch ein einfaches Brot (ohne Sauerteig, nur aus Mehl, Hefe, Wasser und Salz) gebacken werden.

Thema:
Ernährung

Klassenstufe:
2–4

Ort:
Klassenraum

Sozialform:
ganze Klasse

Zeit:
60–90 Minuten

Material:
verschiedene Getreidemühlen, Mörser, Mahlsteine etc., 2–3 Sorten Getreide, Schüsseln, Siebe

Blinde Obstverkostung

Das bereiten Sie vor

Lassen Sie die Kinder im Vorfeld das mitgebrachte Obst waschen und in kleine Stücke schneiden. Jeweils gleiche Obststücke kommen in eine Schale.

So geht es

Je ein Partner bekommt die Augen verbunden. Die sehenden Kinder füttern ihre „blinden" Partner mit verschiedenen Obststücken am Zahnstocher. Diese müssen dabei beschreiben, was sie schmecken und fühlen (weich, hart, knackig, saftig, süß, sauer, trocken, mehlig, wässrig usw.) und die Obstsorte erraten.

Variante

Dieses Spiel funktioniert natürlich auch mit Gemüse, Käse, Brotsorten u.v.m.

Thema:
Ernährung

Klassenstufe:
1–4

Ort:
Klassenraum

Sozialform:
Partnerarbeit

Zeit:
15–20 Minuten

Material:
pro Paar mehrere Schalen mit verschiedenen, klein geschnittenen Obstsorten, Zahnstocher, Schlafbrille oder Halstuch

Tiere im Winter

Thema:
Tiere

Klassenstufe:
1–4

Ort:
Klassenraum/
Turnhalle

Sozialform:
ganze Klasse

Zeit:
5 Minuten

Das bereiten Sie vor

Besprechen Sie mit Ihrer Klasse, welche Möglichkeiten des Überwinterns es gibt und welche Bewegung dazu passt. Das kann z. B. so aussehen:

Winterschlaf (z. B. Igel, Murmeltier, Fledermaus):
auf den Tisch/den Boden legen, einrollen und schlafen

Winterruhe (z. B. Bär, Hamster, Maulwurf, Eichhörnchen, Dachs): in die Hocke gehen und die Hände zum „Schlafen" seitlich an eine Wange legen

Winterstarre (z. B. Eidechse, Erdkröte, Insekten):
in der momentanen Bewegung „einfrieren" und regungslos verharren

Winteraktivität (z. B. Fuchs, Reh, Hase): „frierend"
(z. B. sich die Arme reibend) herumgehen

Zugvögel (z. B. Storch, Rotkehlchen, Schwalbe):
Flugbewegungen machen

So geht es

Ein Spielleiter ruft jeweils ein Tier aus, zu dem alle die richtige Bewegung machen müssen. Alternativ können Sie auch im Klassenraum vier oder fünf Ecken für die jeweiligen Überwinterungsarten ausmachen. Wenn Sie ein Tier rufen, müssen alle schnell in die richtige Ecke laufen (Spielprinzip von „1, 2 oder 3").

Hungriger Storch

So geht es

Ein Kind setzt sich die Schlafbrille auf und ist der „Storch". Alle anderen gehen in die Hocke und sind „Frösche". Der Storch hat riesigen Hunger und freut sich über den Teich voller Frösche. Er versucht, einen der Frösche zu berühren. Jeder Frosch darf um sein Leben hüpfen, aber nur bis zu 10-mal, dann muss er sitzen bleiben!

Variante

Zusätzlich muss der Storch auch noch den Namen des gefangenen Frosches erraten, sonst darf er ihn nicht „fressen".

Thema:
Tiere

Klassenstufe:
1–2

Ort:
Turnhalle/
Schulhof

Sozialform:
ganze Klasse

Zeit:
10 Minuten

Material:
eine Schlafbrille/
Augenbinde

Auf dem Bauernhof geht's rund!

Thema:
Tiere

Klassenstufe:
1–4

Ort:
Klassenraum/
Turnhalle

Sozialform:
halbe bis
ganze Klasse

Zeit:
5–10 Minuten

Das bereiten Sie vor

Falls Sie im Klassenraum spielen wollen, stellen Sie die Anzahl der benötigten Stühle in einer Reihe nebeneinander auf. Falls Sie in der Turnhalle spielen, können die Kinder auch nebeneinander auf einer Langbank, auf Matten oder dem Boden sitzen.

So geht es

Erzählen Sie eine spontan ausgedachte Geschichte zum Thema Bauernhof. Überlegen Sie sich vorher kurz, welche „Figuren" wichtig sind, z. B. Bauer, Bäuerin, Traktor, Pferd, Hahn, Maus usw.

Jedes Kind bekommt eine Figur zugeordnet, wobei der Einfachheit halber auch viele Mäuse, eine ganze Herde von Kälbern etc. mitmachen können.

Immer dann, wenn die entsprechende Figur erwähnt wird, muss das betreffende Kind aufspringen, ganz schnell um die Sitzreihe flitzen und sich wieder hinsetzen. So müssen alle aufpassen, und es ist immer irgendjemand in Bewegung.

Beispiel: *„Am Sonntag stand Bauer Eberle früh auf, weil sein Hahn gekräht hatte. Die Bäuerin schimpfte, dass der Hahn ihr schon wieder das Ausschlafen vermiest hatte, und drehte sich noch mal im Bett um. Ihre Katze lag zu ihren Füßen und schnurrte. Bauer Eberle trank einen Tee und fuhr dann mit dem Traktor auf die Weide, um die Pferde zu tränken …"*

Variante

Natürlich können Sie auch eine Spontan-Geschichte zu allen anderen Sachunterrichtsthemen erfinden und einsetzen!

Wer hat die Stalltür aufgelassen?

So geht es

Nach dem Prinzip des bekannten Spiels „Der Obstkorb fällt um" funktioniert auch „Wer hat die Stalltür aufgelassen?"

Die Klasse sitzt im Stuhlkreis. Jedes Kind ist entweder „Kuh", „Schwein", „Huhn" oder „Ziege". Ein Kind allerdings bleibt ohne eigenen Stuhl in der Mitte stehen. Sie rufen nun eines der Tiere auf, und alle müssen so schnell wie möglich ihre Plätze tauschen, während das Kind in der Mitte versucht, einen der Plätze zu ergattern. Wer übrig bleibt, versucht es in der nächsten Runde. Mal brechen die Schweine aus dem Stall aus, mal hat jemand vergessen, die Stalltür bei den Ziegen zu schließen, und irgendwann (z.B. beim Ausruf „Bauernhof") rasen alle Tiere quer durch den Stuhlkreis.

Thema:
Tiere

Klassenstufe:
1–2

Ort:
Klassenraum/
Turnhalle

Sozialform:
ganze Klasse

Zeit:
10 Minuten

49

Kühe treiben

Das bereiten Sie vor

Werfen Sie die gleiche Anzahl an Bällen (mindestens zehn von jeder Farbe, gerne mehr) in zwei verschiedenen Farben kreuz und quer in die Turnhalle.

Zwei bis vier Kastenteile werden quer an verschiedenen Stellen in der Mitte der Turnhalle auf den Boden gestellt. Sie sind die „Stalltüren". Zwischen den Stalltüren dienen Matten oder Turnbänke als Wände, die die Bälle (wenn sie später als „Kühe" im „Stall" sind) am Wegrollen bzw. am Ausbrechen hindern sollen.

So geht es

Teilen Sie die Klasse in zwei Mannschaften ein. Jedes Kind bekommt einen Gymnastikstab oder einen Hockeyschläger, je nachdem, was vorhanden ist.

Alle Kühe (Bälle) sind unterwegs auf den Almwiesen, aber abends sollen sie zum Melken in den Stall kommen. Ein Team muss also die roten „Kühe" in den Stall treiben, das andere die blauen. Welche Gruppe hat zuerst alle Kühe von der Weide in den Stall getrieben? Fußkontakt ist übrigens nicht erlaubt.

Thema:
Tiere

Klassenstufe:
1–4

Ort:
Turnhalle

Sozialform:
ganze Klasse

Zeit:
15–20 Minuten inklusive Auf- und Abbau

Material:
mind. je 10 kleine Bälle in rot und blau, Gymnastikstäbe oder Hockeyschläger für jedes Kind, mehrere Bänke, mehrere Kastenteile

Sachunterricht mit dem ganzen Körper

Bienen-Berufe

Das bereiten Sie vor

Sollten Sie sich im Unterricht mit Bienen beschäftigt
haben, können Sie zur Festigung von Sachwissen dieses
Spiel durchführen. Dies eignet sich abgewandelt auch für
andere Themen, bei denen chronologische Abläufe gelernt
werden sollen.

So geht es

Sie sollten vorab besprochen/gelernt haben, an welchem
Tag ihres kurzen Lebens eine Honigbiene für welche Aufgabe im Bienenstock zuständig ist:

Tag 1 bis 2: *schlüpfen, sich selbst und die Waben putzen,
die Brut wärmen*

Tag 3 bis 5: *Altmaden füttern*

Tag 6 bis 12: *Jungmaden füttern, Bienenstock putzen,
Nektar von anliefernden Bienen annehmen*

Tag 12 bis 18: *Waben bauen*

Tag 15: *sich langsam „einfliegen"*

Tag 18 bis 21: *Bienenstock bewachen*

Tag 22 bis 35: *Nektar sammeln*

Tag 35: *sterben*

Ein Kind darf als „Bienenkönigin" allen anderen sagen,
welchen Lebenstag sie gerade haben. Diese führen die
entsprechende Aktion pantomimisch aus. Bei „Tag 4"
müssen dann z. B. alle eine Altmade füttern, bei „Tag 20"
simulieren sie das Bewachen des Bienenstocks. Bei „Tag
35" – und das wird den Kindern besonderen Spaß bereiten
– darf die Klasse völlig erschöpft „sterbend" zu Boden
sinken.

Thema:
Tiere

Klassenstufe:
2–4

Ort:
Klassenraum

Sozialform:
ganze Klasse

Zeit:
10 Minuten

Bienensprache

Bienen verständigen sich untereinander mit dem Rundtanz und dem Schwänzeltanz: Indem eine Biene, die eine gute Nahrungsquelle entdeckt hat, sich auf eine bestimmte Art und Weise zwischen den anderen Bienen im Stock bewegt, zeigt sie diesen, wo sie hinfliegen müssen. Bei knappen Nahrungsvorräten können die Tänze also lebenswichtig für das Bienenvolk sein.

Thema:
Tiere

Klassenstufe:
3–4

Ort:
Klassenraum/
Schulhof

Sozialform:
Gruppenarbeit

Zeit:
20–30 Minuten

Es gibt zwei verschiedene Bienentänze:
Beim **Rundtanz** läuft die Biene abwechselnd rechts- und linksherum im Kreis. Je mehr Futter dort zu finden ist, umso aufgeregter und länger tanzt die Biene. Sie gibt dabei keine Richtung an, aber die Futterquelle ist beim Rundtanz auch höchstens 100 Meter entfernt.

Futterquellen, die weiter entfernt liegen, werden mit dem **Schwänzeltanz** bekannt gemacht: Zurück im Bienenstock läuft die Biene eine Acht und wackelt mit ihrem Hinterteil. Je nachdem, wie sie dabei ihren Körper hält, wird die Richtung angezeigt, in der sich die Futterquelle befindet. Das „Mittelstück" der Acht ist dabei entscheidend: Tanzt die Biene ihn nach oben, heißt das, die anderen müssen in Richtung Sonne fliegen. Tanzt sie die Acht nach unten, findet sich das Futter genau entgegengesetzt zur Sonne. Weicht der Tanz in einem bestimmten Winkel von der Senkrechten ab, zeigt dies genau den Winkel an, in dem das Futter zu der Sonnenrichtung steht.
Je langsamer die Biene schwänzelt, desto weiter ist das Futter entfernt.
Die „Zuschauer" prägen sich beim Tanz ihrer Kollegin auch den Geruch ein, den sie von der Futterquelle mitgebracht hat.

Bienensprache

Beispiel für eine etwa 50 Grad von der Sonnenrichtung
entfernte Futterquelle:

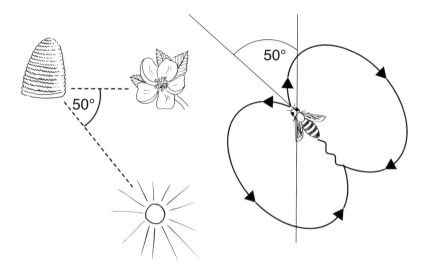

Die Biene tanzt eine geneigte Acht.
Diese zeigt den Winkel an, in dem das Futter zur Sonne steht.

So geht es

Wenn die Theorie geklärt ist, kann's losgehen: Verstecken Sie einige
„Futterquellen" (z. B. Gummibärchen) im Klassenraum oder auf dem
Schulhof. Mehrere Kinder bekommen die Aufgabe, vom „Bienenstock"
(einem zentralen Startort) aus eine Futterquelle zu finden und den
anderen per Rund- oder Schwänzeltanz zu zeigen, wo diese sich befindet. Genaues Beobachten ist gefordert! Und hinterher werden einige
von Glück sagen, dass sie ihre Frühstücksdosen dabeihaben und nicht
allein auf die Kommunikation per Schwänzeltanz angewiesen sind!
Umso mehr können die Bienen für ihre „Sprache" bewundert werden.

Pferderennen

So geht es

Alle Kinder sitzen im Stuhlkreis und ahmen die Geräusche bei einem Pferderennen nach. Diese sollten Sie beim ersten Mal vorgeben, später können die Kinder selbst die Rolle des Spielleiters übernehmen.

Zuerst klatschen sich z. B. alle auf die Oberschenkel und „traben" zum Start, wobei alle leise z. B. „tarab, tarab ..." murmeln. Nach dem Start wird das Traben langsam zum gestreckten Galopp. Gelegentlich kommen neue Elemente hinzu:

* Rechtskurven (alle neigen sich nach rechts),
* Linkskurven (alle neigen sich nach links),
* ein Oxer (ein Hindernis, bei dem alle die Arme hoch reißen und kurz sich vom Stuhl erheben),
* ein Doppeloxer (Sprungbewegung 2-mal),
* die Zuschauertribüne (alle jubeln und winken),
* der Wassergraben (alle blubbern mit den Fingern an den Lippen) vor.

Sie können auch „Hufeisen verloren!", „Gerangel zwischen den Pferden" und andere Ereignisse einstreuen, der Fantasie sind hier keine Grenzen gesetzt.

Thema:
Tiere

Klassenstufe:
1–4

Ort:
Klassenraum

Sozialform:
ganze Klasse

Zeit:
10 Minuten

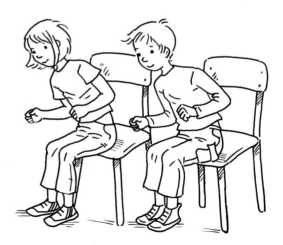

Steinzeit-Staffel

Kinder in der Steinzeit hatten neben ihren täglichen
Pflichtaufgaben auch noch ein wenig Zeit zum Spielen.
Als Spielzeug diente alles, was die Natur hergab.
Ein ganz einfaches Spiel ist die Steinzeit-Staffel.

So geht es

Die Klasse tritt in zwei bis vier Gruppen gegeneinander an.
Mindestens drei Kinder müssen in jeder Gruppe sein, maxi-
mal die halbe Klasse. Die Gruppen stellen sich nebeneinander an einer auf dem Boden gezogenen Linie auf. Da es sich
um eine Pendelstaffel handelt, muss die Hälfte der Kinder
zur zweiten Linie, die mindestens zehn bis fünfzehn Meter
entfernt und parallel zur ersten Linie liegen sollte.
Die Startläufer sowie sein Gegenüber halten jeweils ein
Stöckchen in jeder Hand, der Starter hat quer darüber das
„Transportholz" liegen, quasi den Staffelstab. Mit den
Stöckchen in der Hand trägt er den dritten Stock so
schnell wie möglich zu seinem Mitspieler und übergibt ihn
an diesen, ohne die Hände von den Stöckchen zu lassen.
Wenn das Transportholz herunterfällt, gibt es zwar keine
Zeitstrafen, denn bis das Holz wieder auf den Tragestö-
cken liegt, vergeht auch so schon genug Zeit. Die Gruppe,
bei der zuerst alle Kinder einmal mit den Stöckchen gelau-
fen sind, hat gewonnen.

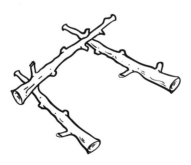

Thema:
So war es
früher mal

Klassenstufe:
1–4

Ort:
Schulhof/
Schulflur

Sozialform:
ganze Klasse

Zeit:
10–15 Minuten

Material:
pro Gruppe
5 Stöckchen
oder Stäbe,
je 20–40 cm lang

Feuer schlagen

Feuer schlagen ist richtig anstrengend. Hier bekommen die Kinder eine Vorstellung davon, welche Mühe und Präzision erforderlich war, um in der Steinzeit eine warme Mahlzeit zuzubereiten oder die Höhle zu heizen.

So geht es

Achten Sie darauf, dass unter jeder „Feuerstelle" im Klassenraum eine feuerfeste Unterlage, z. B. ein altes Backblech, liegt. Brennbare Gegenstände sollten weit weg gelegt werden. Stellen Sie außerdem mindestens einen Eimer mit Wasser und/oder eine Löschdecke bereit. Nun können die Kinder versuchen, wie in der Steinzeit Feuer zu machen. Die Technik ist gar nicht so einfach: Am besten schlagen die Kinder mit der Kante des Feuersteins am Feuereisen herunter, um einen Funken zu erzeugen. Die Bewegung muss druckvoll und entschlossen ausgeführt werden.

Wenn neben dem Funken auch ein richtiges kleines Feuer erzeugt werden soll, gehen Sie bzw. die Kinder in folgenden Schritten vor: Fangen Sie den erzeugten Funken mit einem Zunderstückchen ein. Dieser glüht sehr schnell, aber nur kurz. Durch Pusten kann die Glut vergrößert werden. Halten Sie die Glut schnell an ein kleines Bündel Holzwolle. Darin kann für kurze Zeit eine kleine Flamme erzeugt werden.

Thema:
So war es früher mal

Klassenstufe:
3–4

Ort:
Klassenraum

Sozialform:
Einzelarbeit

Zeit:
10 Minuten

Material:
pro Feuerstelle eine feuerfeste Unterlage, eine feuerfeste Schale, ein Feuerstein und/oder Feuereisen (erhältlich in Internet-Shops), Zunderpilz, Holzwolle, ein Wassereimer oder eine Löschdecke

Feuer schlagen

Legen Sie die brennende Holzwolle in die feuerfeste Schale,
und positionieren Sie evtl. noch kleine, trockene Ästchen
darüber, um etwas länger von dem selbstgemachten Feuer
zu haben.

Trockener Zunder brennt blitzschnell, aber auch nur kurz!

Maßstabszeichnungen

Wenn Sie im Unterricht bereits Aussehen, Körperbau und Größe von Dinosauriern besprochen haben, sollte ihre Klasse auch optisch erfahren, wie groß die Urzeittiere wirklich waren. Die Aufgabe sieht zwar auf den ersten Blick nicht sehr nach Bewegung aus, aber das täuscht – denn bei vielen Dinos müssen die Kinder ganz schön große Wege zurücklegen.

So geht es

Bilden Sie Kleingruppen. Jede Gruppe sucht sich einen Dinosaurier aus und recherchiert die Körpermaße im Internet oder in Sachbüchern. Am besten drucken die Kinder auch noch ein Bild von dem Dino-Skelett aus. Anschließend geht es mit Kreide, Maßbändern und Zollstöcken raus auf den Schulhof, wo die Gruppen versuchen, ihren Dino in Lebensgröße aufzuzeichnen.
Wenn Sie die Möglichkeit haben, fotografieren Sie anschließend die Zeichnungen vom höchsten Stockwerk der Schule aus. Wer kommt dem Original am nächsten?

Thema:
So war es früher mal

Klassenstufe:
3–4

Ort:
Schulhof

Sozialform:
Gruppenarbeit

Zeit:
30 Minuten

Material:
Kreide, Maßband, Zollstock, Bildvorlagen

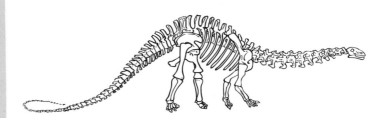

Steinwurf

So geht es

Mit Spielen wie diesen haben sich die Kinder jahrtau-
sendelang die Zeit vertrieben, bevor es „richtiges"
Spielzeug gab.

Die Kinder tun sich in kleinen Gruppen zu höchstens sechs
Kindern zusammen und nehmen sich je fünf Teile vom zur
Verfügung stehenden Material: ein Kind fünf Nüsse, ein
Kind fünf Eicheln, ein Kind fünf Murmeln, ein Kind fünf
Knöpfe usw.

In drei bis fünf Metern Entfernung wird ein Kreis auf dem
Boden aufgezeichnet oder sogar eine kleine Mulde gegraben.
Nacheinander zielen alle Kinder mit ihren Spielsteinen
auf die Mulde/den Kreis. Wer die meisten Dinge genau
ins Ziel geworfen hat, ist Sieger und gewinnt den Inhalt
der Mulde/des Kreises.

Sie können auch eine solche Pyramide auf den Schulflur
kleben oder mit Kreide auf den Schulhof zeichnen, in die
die Kinder ihre Steinchen werfen sollen.

Thema:
So war es
früher mal

Klassenstufe:
1–4

Ort:
Schulhof

Sozialform:
Kleingruppen

Zeit:
10–15 Minuten

Material:
je 5 Steine,
Eicheln oder
Nüsse pro Kind

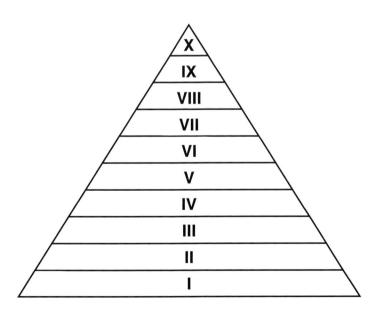

Römische Brettspiele

Die Römer kannten schon viele Brett- und Denkspiele, die heute sehr beliebt sind, wie z. B. Mühle und Dame. Dame war damals allerdings das „Spiel der Legionäre", in dem sich zwei verschiedenfarbige Legionen gegenüberstanden. Die Regeln dieser Brettspiele unterschieden sich früher aber teilweise von den heutigen Regeln. Das Mühlespiel war damals noch eine vereinfachte Variante mit rundem Spielfeld. Lassen Sie die Kinder einfach beide Varianten ausprobieren.

So geht es

Bei Rundmühle spielt jeder Spieler mit drei Steinen, beim klassischen Mühlespiel erhält jeder neun Steine. Gesetzt wird abwechselnd, bis alle Steine platziert sind. Dann dürfen die Steine auf den Linien verschoben werden. Gewonnen hat der Spieler (bei Rundmühle), der als Erstes drei Steine auf einer Geraden platziert hat (eine so genannte Mühle). Beim klassischen Mühlespiel braucht der Sieger 3-mal drei Geraden (also drei Mühlen). Die Spielfelder lassen sich z. B. auf Pappe zeichnen, auf Holz malen oder brennen, in den Sand malen, mit Kreide auf Stein zeichnen usw. Als Spielsteine können vorhandene, aus Ton oder Modelliermasse hergestellte „Steine" oder zusammengesuchte Natursteinchen in unterschiedlichen Farben benutzt werden.

Thema:
So war es früher mal

Klassenstufe:
2–4

Ort:
Klassenraum/ Schulhof

Sozialform:
Partnerarbeit

Zeit:
beliebig

Material:
Spielfeld im Sand oder auf Pappe gemalt, Natursteinchen in unterschiedlichen Farben oder vorhandene Spielsteine aus Spielesammlungen

Römische Brettspiele

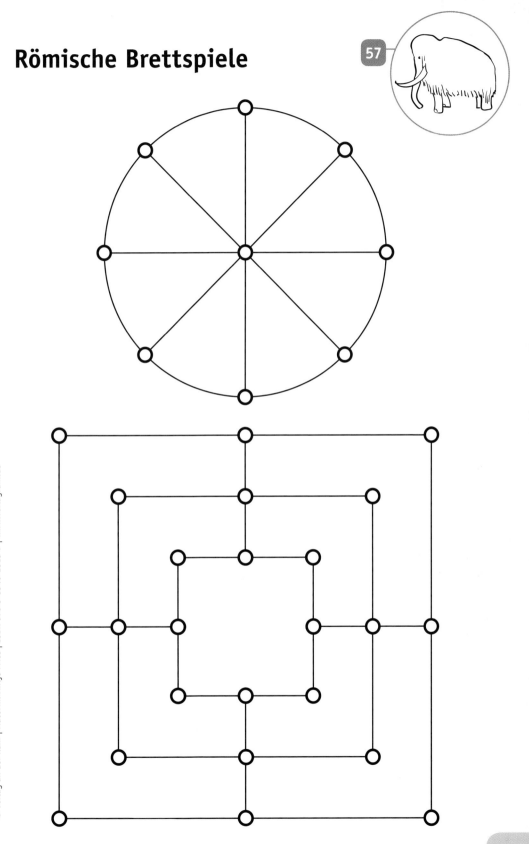

© Verlag an der Ruhr | Autorin: Antje Fries | ISBN 978-3-8346-2315-7 | www.verlagruhr.de

Beute nach Hause bringen

So geht es

Dies ist eine sehr kooperative Übung, die sich auch auf viele andere Sachunterrichtsthemen abwandeln lässt: Mit vorgegebenem Material und unter Berücksichtigung bestimmter Regeln (z. B. nur eine Hand benutzen, die Augen verbunden) müssen die Kinder eine bestimmte Aufgabe bewältigen (z. B. einen schweren Gegenstand von A nach B bringen).

In unserem Fall war die ganze Klasse auf „Steinzeit-Jagd", und nun liegen die Beutetiere da und müssen nach Hause in die Höhle transportiert werden. Mehrere Kleingruppen haben jetzt die Aufgabe, ihr jeweiliges Beutetier nach Hause (zu einem vereinbarten Ziel) zu bringen. Da jeder Jäger ja nur eine Hand freihat (die andere Hand muss nämlich die Jagdwaffe tragen), ist Fantasie gefordert: Kann man das „Mammut" auf diese Weise gemeinsam tragen, oder konstruiert man besser aus Stöcken und Fellen (Pullovern, Jacken) eine Trage? Oder schleift man das Mammut auf einer Decke über den Boden. Doch wie überwindet man das felsige Hindernis (eine Bank)? Hier ist dem Einfallsreichtum der Kinder keine Grenze gesetzt.

Thema:
So war es früher mal

Klassenstufe:
3–4

Ort:
Schulhof/Turnhalle/Klassenraum

Sozialform:
Kleingruppen

Zeit:
20–30 Minuten

Material:
mehrere „erlegte Beutetiere" (mit Handtüchern gefüllte Beutel, Medizinbälle oder auch „leblose" Kinder, je nach Fantasie)

Mittelalterlicher Waschtag

Das bereiten Sie vor

Sollten Sie noch ein altes Waschbrett im Keller stehen
haben, nehmen Sie es unbedingt mit in die Schule.
So können Sie einen mittelalterlichen Waschtag nachstel-
len. Ohne Waschbrett geht es aber auch: entweder draußen auf einem großen Stein oder drinnen auf dem metal-
lenen Ablauf der Spüle in der Schulküche. Das ist dann
eben ein liegendes Waschbrett.

So geht es

Zeigen Sie den Kindern mit dieser Aktivität, wie anstrengend und Zeit raubend Wäschewaschen vor der Einführung
der Waschmaschine war.
Füllen Sie kaltes Wasser in die Holzwanne, und raspeln
Sie einige Stücke Kernseife ins Wasser. Die Kinder klopfen
zunächst mit den flachen Hölzern den groben Dreck aus
den Textilien. Anschließend schrubben sie die Wäsche in
der Holzwanne mit der Bürste. Hierbei ist ein recht hoher
Kraftaufwand notwendig. Besonders schmutzige Stellen
müssen mit der Kernseife noch einmal extra eingerieben
werden. Nach dem Waschen wird die Wäsche kräftig aus-
gewrungen. Bei schönem Wetter können die Kinder die
Wäsche draußen zum Trocknen aufhängen.

Thema:
So war es
früher mal

Klassenstufe:
2–4

Ort:
Schulhof

Sozialform:
Kleingruppen

Zeit:
30–40 Minuten

Material:
pro Station
eine alte
Holzwanne,
ein Waschbrett,
ein Stück Kern-
seife, eine grobe
Bürste, mehrere
alte Kleidungs-
stücke, einige
flache Holzstücke,
eine Wäscheleine
und Wäsche-
klammern

60

Römer und Germanen

So geht es

Nicht nur die Römer raubten Menschen aus fremden
Völkern und versklavten sie. Zwei gleich große Gruppen
stehen sich in der Turnhalle gegenüber, eine „Römergrup-
pe" und eine „Germanengruppe". Jede Gruppe hat ihr
Reich, einen etwa zwei Meter tiefen Streifen von der
schmalen Hallenseite aus (oder mehr, je nachdem,
wo sich gerade passende Linien auf dem Boden finden).
Die Mitte der Halle zwischen den beiden Reichen ist das
„Niemandsland" – dort treffen die Völker aufeinander.
Einer aus jedem Volk wird in das Reich der Fremden geschickt, um Menschen zu rauben. Wenn er einen von ihnen
abgeschlagen/gefangen hat, nimmt er ihn auf den Rücken
und trägt ihn huckepack bis hinüber auf das eigene
Staatsgebiet, wo der Geraubte sofort die „Staatsangehö-
rigkeit" wechselt. Sobald die Grenze zum eigenen Reich
mit dem Geraubten überschritten wurde, kann der Nächste
aus dem Volk starten und sein Glück versuchen.
Nach und nach nehmen die Bevölkerungszahlen zu oder
ab, und das Spiel ist beendet, wenn ein Volk weniger als
eine vorher ausgemachte Anzahl an Menschen hat – oder
wenn alle völlig erschöpft aufgeben!

Thema:
So war es
früher mal

Klassenstufe:
1–4

Ort:
Turnhalle/
Schulhof/
Schulflur

Sozialform:
ganze Klasse

Zeit:
ab 15 Minuten

Turnierübungen

Das bereiten Sie vor

Befestigen Sie den Sack frei hängend an einer Reck-
stange am Ast eines Baumes.

So geht es

Der Sack ist der „Gegner", den die Knappen bei ihren
Turnierübungen mit den Lanzen (den Bambusstöcken)
treffen müssen. Natürlich können auch Holzschwerter
eingesetzt werden, um verschiedene Kampftechniken
auszuprobieren. Es ist übrigens praktisch, wenn Sie vorher
die „Anlaufbahn" festlegen.

Mutige Kinder können die Wurfringe vorsichtig in der
Hand halten, während andere mit den Lanzen Anlauf
nehmen und versuchen, die Ringe „in vollem Galopp"
aufzuspießen.

Später können die Lanzen auch senkrecht gehalten werden, und die Kinder werfen mit ihren Ringen auf die Lanzen. Für jeden aufgefädelten Ring gibt es einen Punkt.

Thema:
So war es
früher mal

Klassenstufe:
1–4

Ort:
Turnhalle

Sozialform:
Kleingruppen

Zeit:
15–25 Minuten

Material:
zwei Bambus-
stäbe, mehrere
Wurfringe,
ein Sack
oder Baumwoll-
beutel mit
Lumpenfüllung

Tour durch die Ritterburg

Thema:
So war es
früher mal

Klassenstufe:
1–4

Ort:
Klassenraum

Sozialform:
ganze Klasse

Zeit:
10–15 Minuten

Material:
evtl. CD mit
mittelalterlicher
Musik

So geht es

Alle Kinder stellen ihre Stühle in einen Kreis, die Sitz-
flächen zeigen nach außen. Zur Musik bewegen sie
sich langsam um den Kreis herum (wie bei der Reise
nach Jerusalem, nur dass kein Stuhl fehlt). Wird die
Musik gestoppt, erfahren die Kinder, wo in der Burg
sie auf ihrer Besichtigungstour gerade sind:

Rittersaal: auf den Stuhl setzen
Wehrturm: auf den Stuhl steigen
Verlies: unter den Stuhl kriechen
Burggraben: auf den Stuhl knien und über die Lehne
hinweg in Richtung Kreismitte „schwimmen"
Burgküche: im Sitzen mit beiden Händen kräftig im
Suppentopf umrühren
Wehrgang: im Sitzen den Hals vorsichtig nach links
und rechts dehnen (in alle Richtung Ausschau halten!)

Wenn die Musik wieder weiterläuft, stehen alle auf
und laufen erneut um die Stuhlburg.

Tour durch die Ritterburg

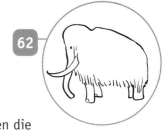

Variante

Ohne Musik bewegen sich alle frei im Raum und bekommen die Anweisungen zum Rundgang erzählt. Dazu müssen sie die jeweiligen Bewegungen machen, die nicht unbedingt vorab festgelegt werden müssen, sondern von den Kindern auch spontan ausgedacht werden können:

„Wir wandern zur Burg und müssen dabei den steilen Berg hinauflaufen. Am Burgtor klopfen wir an, aber niemand öffnet. Also schwimmen wir durch den Burggraben, werfen ein Seil hoch auf die Zinnen und klettern empor. Wenn wir oben sind, schauen wir noch einmal zwischen den Zinnen hindurch nach unten, ob auch alle mitgekommen sind. Wie weit entfernt unsere Packpferde sind! Dann schleichen wir uns ganz leise die Treppe im Wehrturm hinunter, drücken die schwere Eichenholztür auf und – stehen wütenden Rittern gegenüber. Schnell verkriechen wir uns unter der langen Tafel im Rittersaal. Als Ruhe eingekehrt ist, weil die Ritter gemerkt haben, dass wir eigentlich als Freunde gekommen sind, dürfen wir neben ihnen auf den alten Holzbänken Platz nehmen ...“

63

Richtig Maß nehmen

Unser heutiges metrisches System war im Mittelalter noch nicht bekannt. Damals galten verschiedene Körpermaße zur Bestimmung von Längen: Fingerbreite, Handbreite, Spanne (Strecke zwischen ausgestrecktem Daumen und der Spitze des kleinen Fingers), Elle (Strecke zwischen Fingerspitzen und Ellbogen) und Fuß.

So geht es

Lassen Sie die Kinder die verschiedensten Gegenstände mit ihren Körpermaßen abmessen und alles dokumentieren. Wichtig ist, dass jedes Kind einen Beobachtungsbogen verwendet, auf den es aufschreibt, welchen Gegenstand es mit welchem Körpermaß gemessen hat und wie viele dieser „Körperlängen" der Gegenstand hat (siehe Kopiervorlage S. 77).

Diese Aktivität hat enormes Reflexionspotenzial:

* *„Könnt ihr verstehen, warum die Menschen irgendwann nicht mehr die Körpermaße verwendet haben?"*
* *„Warum unterscheiden sich eure gemessenen Werte voneinander?"*
* *„Welche Folgen hatten wohl diese Unterschiede auf einem mittelalterlichen Markt (z. B. bei einem Tuchhändler)?"*

Thema:
So war es
früher mal

Klassenstufe:
2–4

Ort:
Klassenraum

Sozialform:
ganze Klasse

Zeit:
10 Minuten

Material:
beliebige
Gegenstände
zum Abmessen

Richtig Maß nehmen

Körpermaße

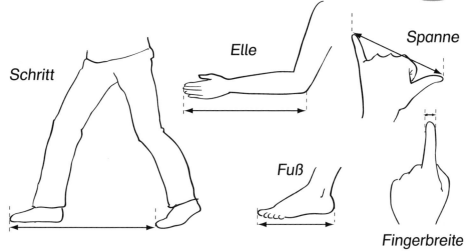

Schritt

Elle

Spanne

Fuß

Fingerbreite

1. Miss folgende Gegenstände mit Körpermaßen nach.
   Überlege, welche Körpermaße sich am besten für die
   Gegenstände eignen.

	Schritt	Fuß	Elle	Spanne	Fingerbreite
Schulbank (Breite)					
Tafel (Höhe)					
Klassenraum (Breite)					
Klassenraum (Länge)					
Mathebuch (Höhe)					
Radiergummi (Länge)					

2. Vergleiche deine Ergebnisse mit denen deiner Mitschüler.
   Warum unterscheiden sich wohl eure Ergebnisse voneinander?

© Verlag an der Ruhr | Autorin: Antje Fries | ISBN 978-3-8346-2315-7 | www.verlagruhr.de

Kronjuwelen klauen

So geht es

Die Klasse sitzt im großen Kreis auf dem Boden der Turnhalle. Ein Kind wird zum Schatzwächter auserkoren und setzt sich mit verbundenen Augen in die Mitte des Kreises. Die Kronjuwelen (der Schlüsselbund) werden direkt neben den Wächter gelegt. Nun müssen alle ganz besonders ruhig sein. Ohne Worte wird ein Kind ausgedeutet, das die Kronjuwelen rauben darf. Es schleicht sich, so leise es kann, an den Schatz heran und hat gewonnen, wenn es ihn greifen kann. Wenn der Schatzwächter jedoch ein Geräusch hört, deutet er in die Richtung, aus der die Töne kommen. Wenn er dabei auf den Dieb deutet, muss dieser sich wieder hinsetzen, und ein neues Kind kommt an die Reihe.

Absolute Ruhe ist also ganz wichtig. Manche Kinder entwickeln die abenteuerlichsten Techniken, um an den Schatz zu kommen, ohne dass der Turnhallenboden knarrt oder knackt. Wird der Schatz erbeutet, muss jetzt natürlich der ehemalige Räuber auf die Kronjuwelen aufpassen.

Thema:
So war es
früher mal

Klassenstufe:
1–4

Ort:
Turnhalle

Sozialform:
ganze Klasse

Zeit:
10–15 Minuten

Material:
ein Schlüsselbund,
eine Schlafbrille
oder ein Halstuch
zum Verbinden
der Augen

Die Festung einnehmen

So geht es

Die Hälfte der Klasse bildet einen Kreis, bei dem sich
alle Nachbarn an den Händen fassen, Blick nach innen.
Das ist die Burg.

Dann macht die Burg ein Geheimzeichen aus, mit dem man
hineingelassen wird. Das kann ein einfaches „Bitte!" sein,
oder aber z. B. hinter dem rechten Ohr kratzen, den linken
Schuh ausziehen, über den Boden scharren, an die Nase
fassen o. Ä.

Durch Ausprobieren müssen die ahnungslosen Ritter versuchen, in die Burg gelassen zu werden. Wer Einlass bekommen hat, fügt sich zu den anderen Kindern in die Kette
ein. Verloren hat, wer zum Schluss immer noch draußen
vor dem Burgtor wartet.

Damit die Kinder nicht ewig raten müssen, sollten ein bis
zwei „heimische" (also eingeweihte) Ritter das Geheimzeichen kennen und zu einem bestimmten Zeitpunkt zum Einlass nutzen. So müssen die anderen Ritter gut beobachten,
wer sich wann mit welchem Zeichen Einlass verschafft hat.

Thema:
So war es
früher mal

Klassenstufe:
1–4

Ort:
Klassenraum/
Turnhalle

Sozialform:
ganze Klasse

Zeit:
10 Minuten

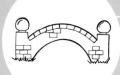

Gemeinsam aufstehen

Thema:
Statik, Bauen

Klassenstufe:
1–4

Ort:
Klassenraum/
Turnhalle

Sozialform:
Partnerarbeit

Zeit:
5 Minuten

So geht es

Alleine aufstehen kann jeder. Dass es zu zweit einer gewissen ausgeklügelten Technik bedarf, sehen alle ein, wenn sich die Kinder paarweise Rücken an Rücken auf den Boden gesetzt haben, die Arme miteinander verhaken und nun versuchen müssen, aufzustehen.

Es kann nur klappen, wenn beide die Beine anwinkeln, jeweils den eigenen Rücken gegen den des Partners drücken und etwa die gleiche Kraft auf den Rücken des Partners ausüben.

Variante

Die Kinder können den „Aufstand" auch zu dritt, zu viert, zu fünf wagen.

Wer stellt den Rekord auf?

Nutzen Sie dieses Spiel z. B. zur Reflexion über die Funktionsweise von Brücken. Beim gemeinsamen Aufstehen üben die Kinder im oberen Körperbereich eine Kraft aufeinander aus, die zu einer stabilen Spannung führt – wie bei einem Brückenbogen.

Menschliche Pyramide

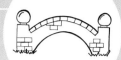

So geht es

Drei Kinder knien sich auf allen Vieren nebeneinander auf die Turnmatten.

Zwei weitere steigen nun vorsichtig von hinten auf die Rücken der knienden Kinder und stützen sich auf deren Schultern und Beckenknochen ab. Achtung: Bitte nicht Rücken und Wirbelsäule belasten! Zuoberst kann nun noch ein besonders leichtes und geschicktes Kind platziert werden, das vorsichtig über die zwei Etagen hinaufklettert.

Varianten

- Lassen Sie statt einer Pyramide eine möglichst lange Brücke bauen (die unterste Reihe besteht aus fünf oder mehr Kindern).
- Die Kinder bilden bestimmte Häuser nach, z.B. eine Kirche mit Kirchturm
- (Fünf Kinder unten bilden das Kirchenschiff, drei Kinder links in einer ersten Reihe darüber das Dach über den Kirchenschiff, zwei bis drei rechts versuchen, einen Kirchturm zu bauen).
- Ein Turm lässt sich bilden, indem ein Kind in den Vierfüßlerstand geht, eines sich auf dessen Po (nicht den Rücken!) setzt und dann das dritte auf seinen Knien stehen lässt.
- Eine Treppenpyramide entsteht, wenn ein Kind in den Vierfüßlerstand geht, das zweite sich mit den Händen auf dessen Po abstützt und seine Füße auf den Schultern eines dritten, stehenden Kindes ablegt.

Thema:
Statik, Bauen

Klassenstufe:
3–4

Ort:
Turnhalle

Sozialform:
Gruppenarbeit

Zeit:
10 Minuten

Material:
Turnmatten (keine Weichmatten) zum Unterlegen

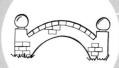

Menschlicher Brückenbau

So geht es

Zwei bis drei Kinder der Klasse gehen eng nebeneinander in die Liegestütze. Ein anderes Kind kriecht unter der kurzen Brücke hindurch und bildet an deren Ende die Verlängerung des Bauwerks. Wenn alle Kinder der Klasse „verbaut" sind oder die ersten Brückenteile wegen „Materialermüdung" einzustürzen drohen, muss eine Pause gemacht bzw. das Spiel abgebrochen werden.

Variante

Jeweils zwei Kinder stellen sich in einem Abstand von etwa einem Meter gegenüber und haken die Handflächen in die Hände des anderen ein. Dann gehen sie langsam Schritt für Schritt zurück, ohne die Hände loszulassen. Wie weit können die Partner zurückgehen, bis die Brücke bricht?

Thema:
Statik, Bauen

Klassenstufe:
1–4

Ort:
Klassenraum/
Turnhalle

Sozialform:
ganze Klasse

Zeit:
10 Minuten

Partner-Balance

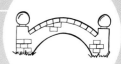

So geht es

Alle Kinder bilden Paare. Jedes Paar versucht, verschiedene Gegenstände gemeinsam in Balance zu bringen und zu halten, ohne diese Gegenstände festzuhalten, d.h. die Gegenstände dürfen jeweils nur mit einer Fingerspitze berührt werden (oder mit den Knien, mit den Schultern, mit den Füßen). Wichtig ist, dass immer beide Kinder gleichzeitig den Gegenstand in Balance halten.

Am besten beginnen die Paare mit einem Stift: Beide halten den Stift nur mit jeweils dem ausgestreckten Zeigefinger fest. Damit der Stift nicht herunterfällt, muss sensibel auf den Druck des Partners reagiert werden. Wenn sich die Kinder sicherer fühlen, können verschiedene Bewegungen gemacht werden, z. B. Arme heben, Arme seitlich bewegen, gemeinsam in die Hocke gehen usw.

Variante

Die Kinder balancieren Gegenstände zu Musik, machen Tanzschritte oder drehen sich und müssen sofort stehen bleiben, wenn die Musik unterbrochen wird. Natürlich darf auch dabei kein Stift fallen!

Thema:
Statik, Bauen

Klassenstufe:
1–4

Ort:
Klassenraum

Sozialform:
Partnerarbeit

Zeit:
5–10 Minuten

Material:
Gegenstände zum Balancieren (Stifte, Bücher etc.), evtl. Musik

Papier-Brückenbau

So geht es

Verteilen Sie mehrere Papierbögen an jede Kleingruppe. Diese haben die Aufgabe, beliebige Brücken-Konstruktionen daraus zu bauen. Ziel ist es, mit der Brücke später möglichst viele Spielzeugautos oder andere Gewichte tragen zu können, ohne dass die Brücke einstürzt.

Entscheiden Sie je nach Erfahrung der Kinder, ob diese auch Klebstoff benutzen dürfen, um die Brücken zu stärken, oder ob die Brücken ausschließlich geschnitten und gefaltet werden sollen.

Tipp: Brücken halten gut, wenn sie nach oben hin gewölbt sind und mehrere vertikale Zwischenstreben besitzen. Das Gewicht sollte sich auf möglichst viele Punkte verlagern.

Thema:
Statik, Bauen

Klassenstufe:
3–4

Ort:
Klassenraum

Sozialform:
Kleingruppen

Zeit:
5–10 Minuten

Material:
pro Gruppe mehrere
Papierbögen
(80 g/m²),
eine Schere,
evtl. Klebstoff,
Spielzeugautos
oder andere
Gewichte

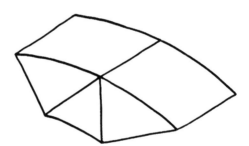

Fliegende Eisenspäne

So geht es

Legen Sie zwei Spielfelder fest, die an einer Mittellinie
zusammenstoßen. Das geht natürlich am einfachsten in
der Turnhalle. Die Klasse bildet zwei Großgruppen, die
sich auf die Spielfelder verteilen. Dazu bekommt jede
Gruppe die Hälfte der Bierdeckel, die auf dem Boden
verteilt werden.

Die Bierdeckel sind „Eisenspäne", die magisch von der anderen Seite angezogen werden. Auf das Startzeichen hin
werfen die Kinder die „Eisenspäne" also zum „Magneten"
auf der anderen Seite. Jedes Kind darf immer nur einen
Bierdeckel auf einmal aufheben und werfen! Das andere
Team wirft diese natürlich zurück. Nach einem vorher
ausgemachten Zeitraum (anfangs reicht eine Minute) ist
Schluss, und die Deckel auf jeder Seite werden gezählt.
Wer am wenigsten Eisenspäne im eigenen Feld hat, ist
der Sieger.

Variante

Um jegliche körperliche Kontaktaufnahme (und damit Un-
fälle im Eifer des Gefechts) zu vermeiden, kann auch eine
„neutrale Zone" zwischen beiden Spielfeldern ausgemacht
werden, die niemand betreten darf. Wer hierhin wirft, hat
den Eisenspan für immer verloren, kann also dem Gegner
keinen Minuspunkt damit verpassen. Es gilt daher, über
die neutrale Zone hinweg zu werfen.

Thema:
Energie und
Magnetismus

Klassenstufe:
1–4

Ort:
Klassenraum/
Turnhalle

Sozialform:
ganze Klasse

Zeit:
5 Minuten

Material:
ein großer Stapel
Bierdeckel oder
ähnliche Kärtchen

Magnet-Kinder

Thema:
Energie und
Magnetismus

Klassenstufe:
1–4

Ort:
Klassenraum

Sozialform:
ganze Klasse

Zeit:
5 Minuten

So geht es

Die Kinder sitzen an ihren Plätzen im Klassenraum.
Schalten Sie bei einem Kind den „Magneten" ein.
Dazu klopfen Sie vor dem Kind auf den Tisch, woraufhin
das Kind zu summen beginnt und mit einem Körperteil
seiner Wahl vom Tisch „angezogen" wird. Alle anderen
müssen nun genauso reagieren, bis das erste Kind mit
dem Summen aufhört.
Es können auch mehrere Körperteile gleichzeitig angezogen werden.

Varianten

• Sie können auch vorgeben, welche Körperteile angezogen
  werden sollen, indem sie vorher ausmachen, dass beim
  „Einschalten" mit der einen Hand auf den Tisch ge-
  klopft, mit der anderen das entsprechende Körperteil
  berührt wird.

• Die Kinder bewegen sich langsam durch den Raum und
  werden von einem Kind, das Sie „anschalten", angezogen:
  Wer z.B. in der Nähe des Kindes mit „magnetischem
  Ellbogen" ist, wird mit dem eigenen Ellbogen angezogen und haftet an, solange das erste Kind summt.

Magnetische Schwankungen

So geht es

Die Klasse bildet Paare, die idealerweise in etwa gleich
groß gewachsen sind. Die Paare stellen sich mit etwas
Abstand (50 cm) voneinander auf, strecken die Arme nach
vorn aus und legen die Handflächen auf die des Partners.
Einer ist nun der Plus-, einer der Minuspol.
Nun kann das Schwanken beginnen: Gegenseitig versuchen
die Pole, sich aus dem Gleichgewicht zu bringen.
Verloren hat, wer seine Füße vom Boden heben muss,
um das Umfallen zu vermeiden.
Übrigens: Je kürzer der Abstand zwischen den Partnern
ist, desto schneller wird einer der beiden kippen.

Variante

Profis können das Spiel auch auf einem Bein versuchen,
mit geschlossenen Augen spielen oder aber (für Super-
profis!) nicht mit den Handflächen verbunden sein,
sondern mit zwei kurzen Schnüren, die in den Händen
gehalten werden. Auf diese Weise kann man durch Ziehen
und Nachlassen der Schnüre den Partner aus dem Gleichgewicht bringen.

Thema:
Energie und
Magnetismus

Klassenstufe:
1–4

Ort:
Klassenraum

Sozialform:
Partnerarbeit

Zeit:
5 Minuten

Anziehen und Abstoßen

Thema:
Energie und
Magnetismus

Klassenstufe:
1–4

Ort:
Turnhalle/Schulhof

Sozialform:
ganze Klasse

Zeit:
10 Minuten

Material:
Blätter mit
großen „+"
und „–" Zeichen,
Klebestreifen oder
Sicherheitsnadeln

Das bereiten Sie vor

Schreiben Sie auf große Blätter jeweils zur Hälfte ein
Plus-Zeichen und zur Hälfte ein Minus-Zeichen. Lassen
Sie die Kinder verdeckt aus einer Ablagebox o. Ä. ein
Blatt ziehen. Jedes Kind ist nun entweder Plus- oder
Minus-Pol. Die Kinder befestigen ihr Zeichen gut sichtbar
am T-Shirt.

So geht es

Die Kinder sollen bei diesem Spiel simulieren, wie sich
unterschiedliche Ladungen anziehen und gleiche Ladungen abstoßen.
Alle laufen kreuz und quer durch die Turnhalle oder auf
dem Schulhof.
Kommen sich zwei Kinder mit gleichen Ladungen zu nahe,
müssen sich diese schwungvoll voneinander abstoßen.
Kommen sich zwei Kinder mit unterschiedlichen Ladungen
zu nahe, müssen sie „zusammenkleben", z. B. sich an
den Händen festhalten. Das Spiel geht so lange, bis
jedes Ladungsteilchen einen „Partner" gefunden hat.

Anziehen und Abstoßen

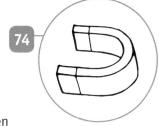

Variante

Die Plus- und Minus-Pole, die sich gefunden haben, bleiben
für das nächste Spiel als Team zusammen. Einer von beiden
wird der „Magnet", der andere der „Roboter".
Jedes 2er-Team trennt sich und verteilt sich frei zwischen den
anderen Kindern im Raum oder in der Turnhalle. Auf ein Startzeichen versucht jeder Roboter, zu seinem Magneten zu gelan-
gen. Die Roboter tun das langsam und mit „robotertypischen"
Bewegungen (so, wie sich Kinder nun einmal vermenschlichte
Roboter vorstellen) und immer genau in Richtung des Magneten. Sollte ein Hindernis dazwischen auftauchen (Stühle,
Bänke, andere Kinder), müssen die Roboter stehen bleiben –
so lange, bis der direkte Weg wieder frei ist. Das Spiel endet,
wenn alle Roboter zu ihrem Magneten zurückgefunden haben.

Die Magnete dürfen sich übrigens auch zur Seite bewegen,
um einem „eingekeilten" Roboter den direkten Weg wieder
freizumachen.

Neueste Nachrichten

Thema:
Medien und
Werbung

Klassenstufe:
1–3

Ort:
Turnhalle/Schulhof

Sozialform:
ganze Klasse

Zeit:
10 Minuten

Material:
eine Zeitungsseite
pro Kind

So geht es

Nichts ist älter als die Zeitung von gestern! Also muss
sie unbedingt schnell zu den Abonnenten gebracht
werden. Dumm nur, dass die Zeitungsausträger schon
alle Hände voll haben. Also muss die letzte Zeitung
(ein Blatt pro Kind) vor dem Bauch transportiert werden:
Alle Kinder stehen an einer Startlinie, halten sich das
Zeitungsblatt vor den Bauch und müssen beim Startsignal
ohne Benutzen der Hände so schnell Richtung Ziellinie
laufen, dass das Blatt nicht herunterfällt. Wer zuerst
ankommt, hat gewonnen.

Variante

Auch bei Sturm muss die Zeitung ausgetragen werden.
In der Turnhalle (denn man braucht einen glatten Boden
und keinen „fremden" Luftzug) können die Kinder versu-
chen, jeweils zu viert ein Zeitungsblatt vom Start mittels
Pusten oder zu zweit mittels Wedeln mit Büchern oder
Mappen zum Ziel zu wehen.

Die Werbeagentur

Das bereiten Sie vor

Legen Sie für die einzelnen Gruppen das angegebene
Material aus.

So geht es

In der Werbeagentur überlegen sich die Gruppen, wie sie
selbsthergestellte Produkte am besten verkaufen können.
Dazu gestalten Sie Plakate, Aufsteller und Schilder zum
Umhängen.
Die Werbemedien werden mit den entwickelten Werbe-
slogans, Zeichnungen und Fotos beschriftet und beklebt.
Die fertigen Werbeträger können anschließend im Schul-
flur ausgehängt oder von den Kindern um den Hals herum-
getragen werden.
Die Werbeprofis holen sich von anderen Kindern der
Schule Feedback ab, wie gut ihre Werbung ankommt.

Tipps für eine gute Werbung

* Die Werbesprüche stellen das Einzigartige des Produkts
  heraus. Was ist das Besondere, was niemand sonst hat?
* Die Werbebotschaft ist kurz und eingängig, gleichzeitig
  groß und auffällig – keine komplizierten und langen
  Sätze!
* Reime und Alliterationen schaffen Aufmerksamkeit
  (z. B. „Frisch und fruchtig!").

Thema:
Medien und
Werbung

Klassenstufe:
3–4

Ort:
Klassenraum/
Schulflur/
Schulhof

Sozialform:
Kleingruppen

Zeit:
45–60 Minuten

Material:
große Tonkarton-
Bögen, Papier in
verschiedenen
Farben, Stifte,
Schere, Kleber,
Locher,
Paketschnur

Das schönste Schaufenster

Thema:
Medien und
Werbung

Klassenstufe:
1–4

Ort:
Klassenraum

Sozialform:
ganze Klasse

Zeit:
15 Minuten

Material:
themenbezogenes
Dekomaterial
(alles, was sich
finden lässt!)

So geht es

In Ihrer Stadt ist ein Schaufensterwettbewerb aus-
geschrieben. Natürlich will da jedes Geschäft gewinnen!
Die Klasse bildet Gruppen von je vier bis acht Kindern.
Jede Gruppe legt sich auf ein Geschäft oder Produkt
fest (Sportartikel, Mode, Buchhandlung usw.).
Das können natürlich auch im Rahmen der Unterrichts-
einheit oder einer Projektwoche selbsthergestellte Dinge
sein, die nun ansprechend in Szene gesetzt werden müssen.

Innerhalb einer bestimmten Zeit können nun Schaufenster
(Schulbänke) mit allem dekoriert werden, was sich im
Klassenraum so finden lässt. Um die Ergebnisse „für die
Ewigkeit" festzuhalten, denken Sie an Ihre Kamera!

Tipps für Gestaltungsmöglichkeiten

* Tische mit Tüchern/Tischdecken etc. dekorieren
* Produkte in mehreren Ebenen anordnen
  (auf Kisten, Büchern etc.)
* Preisschilder und Sonderangebots-Schilder aufstellen
* Produkte ansprechend beleuchten
  (z. B. durch Schreibtischlampen)
* Kinder als „Schaufensterpuppen" einsetzen

Raum für Notizen

Medientipps

Literaturtipps

Ulrike Berger:
**Die Experimente-Kartei
für 5- bis 8-Jährige.**
80 verblüffende Experimente
mit wenig Aufwand.
Verlag an der Ruhr, 2011
ISBN 978-3-8346-0784-3

Mary Ellen Clancy:
Besser lernen durch Bewegung.
Spiele und Übungen fürs Gehirntraining.
6–12 J., Verlag an der Ruhr, 2008
ISBN 978-3-8346-0417-0

Gabriele Cwik:
Lehrerbücherei Grundschule:
Gute Aufgaben Sachunterricht.
Kl. 1–4, Cornelsen Scriptor, 2009
ISBN 978-3-589-05139-7

Alexandra Ferrary:
**111 Ideen für den
geöffneten Unterricht.**
Organisationstipps und
Methoden für den Schulalltag.
Alle Schulstufen, Verlag an der Ruhr, 2012
ISBN 978-3-8346-0940-3

Antje Fries:
Sachunterricht live! (versch. Titel)
Kl. 1–4, Verlag an der Ruhr, 2011/2012
• **Den Wald erleben und erforschen**
ISBN 978-3-8346-0782-9

• **Dinos, Steinzeit, Römer, Mittelalter**
ISBN 978-3-8346-0783-6
• **Brot, Milch, Obst und Co.**
ISBN 978-3-8346-0954-0

Joachim Kahlert:
Der Sachunterricht und seine Didaktik.
UTB Verlag, 2009
ISBN 978-3-8252-3274-0

Daniela Kunerl, Dominique Lurz:
**Kompetenzen erwerben
im Sachunterricht:**
Zeit – eine Werkstatt.
Kl. 2–3, Verlag an der Ruhr, 2012
ISBN 978-3-8346-2260-0

Dr. Jessica Lütge:
**155 Spiele für gelingende
Unterrichtsphasen.**
– für Einstieg, Erarbeitung
und Stundenabschluss.
Kl. 1–4, Verlag an der Ruhr, 2012
ISBN 978-3-8346-2242-6

Dr. Rupert Scheuer (et. al.):
**Sprachkompetenz fördern durch
Experimentieren.**
Kl. 1–6, Verlag an der Ruhr, 2012/2013
• **Wasser-Experimente**
ISBN 978-3-8346-0782-7
• **Feuer-Experimente**
ISBN 978-3-8346-0951-9

Medientipps

Internettipps

www.schulministerium.nrw.de
Das Bildungsportal für aktuelle
Schul- und Lerntrends.
Mit riesigem Informationsarchiv

www.labbe.de/zzzebra
Das informative Internet-Magazin für
Kinder mit vielen Spielen und Angeboten
zu Sachthemen

**www.medienwerkstatt-online.de/
lws_wissen**
Kostenlose und qualitativ hochwertige
Sachinformationen zu vielen Sachunterrichtsthemen. Mit Spiel- und Übungs-
angeboten.

www.wasistwas.de
Auch im Internet beantwortet „Was ist
was" viele Kinderfragen zu Sachthemen.

**www.grundschulverband.de/
bildungspolitik/bildungsstandards/
tragfaehige-grundlagen/
23-sachunterricht/**
Didaktische Informationen zum
Sachunterricht mit zahlreichen Tipps
zu allen Lernbereichen.

www.kidsnet.at
Kindgerechte Wissensseite zu sehr
vielen Sachthemen sowie Deutsch
und Mathematik

www.mehr-bewegung-in-die-schule.de/
Auf dieser umfangreichen Seite finden
Sie weitere, sofort einsetzbare Bewe-
gungsspiele für den Unterrichtsalltag

Verlag an der Ruhr

Postfach 10 22 51

45422 Mülheim an der Ruhr

Telefon 030/89 785 235

Fax 030/89 785 578

bestellungen@cornelsen-schulverlage.de

www.verlagruhr.de

Sachunterricht live!

■ **Die Herkunft von Brot, Milch, Obst & Co. entdecken**

... im (fast) papierfreien Projektunterricht

Antje Fries

Kl. 1–4, 120 S., A4, Paperback

ISBN 978-3-8346-0954-0

■ **Kunst mit dem ganzen Körper**

60 Ideen zum Bewegen, Erfahren, Ausprobieren

Salome P. Mithra

Kl. 1–4, 95 S., 16 x 23 cm, Paperback

ISBN 978-3-8346-0704-1

■ **Deutsch mit dem ganzen Körper**

60 Bewegungsspiele für alle Bereiche des Deutschunterrichts

Katrin Barth, Angela Maak

Kl. 1–4, 98 S., 16 x 23 cm, Paperback

ISBN 978-3-8346-0481-1

■ **Mathe mit dem ganzen Körper**

50 Bewegungsspiele zum Üben und Festigen

Angela Maak, Katrin Wemhöhner

Kl. 1–4, 83 S., 16 x 23 cm, Paperback

ISBN 978-3-8346-0315-9

Lernen mit Schwung